신라 사뇌가의 훈훈한 서정,
삼대의 환생

신라 사뇌가의 훈훈한 서정,
삼대의 환생

초판 2024년 12월 12일

지은이 안연석
펴낸곳 도서출판 책얼　**펴낸이** 김소녀

출판등록 2023년 11월 23일 (제2023-0005230)

주소 경기도 고양시 덕양구 용두로47번길 110
전화 02)3157-2455

ISBN 979-11-986785-3-9 (03810)

* 이 책의 판권은 지은이와 도서출판 책얼에 있습니다.
　양측 서면 동의가 없는 무단 전제 및 복제를 금합니다.
* 잘못된 책은 바꿔드립니다.

신라 사뇌가의 훈훈한 서정,

삼대의 환생

안연석 시집

차   례

제1장 막시

풀무를 돌려주오 … 8
사과 … 9 / 상념 … 10
양복저고리 … 11
마궁따남 … 12
막걸리 … 13 / 양은냄비 … 14
나의 옷에게 … 16
분주 … 18 / 심장의 무게 … 19
제야 … 20 / 자식 … 22
끼니 … 24 / 취업 … 25
혼사 … 26 / 강아지 인형 … 28
소방관 … 29
광장시장에서 … 30
토르토니 고백 … 32
서오릉 편지 … 34
유우니 사막에서 … 36
코로나 유감 … 38
고사의 돼지머리 … 40
법정에서 … 43 / 빚 … 45
물 … 47 / 낙화암 유감 … 49
기형도 … 50

제2장   신라 사뇌 9가, 고려가요 2가

모죽지랑가 ··· 54
서동요 ··· 57
원왕생가 ··· 61
찬기파랑가 ··· 64
노인헌화가 ··· 67
원가 ····· 70
처용가 ···· 73
제망매가 ···· 79
혜성가 ···· 82
정읍사 ···· 86
청산별곡 ···· 89

제3장   사뇌의 정형, 3죽6명1차의 부활

산에 가자 ··· 94 / 실존 함다 ··· 96
오골계 ··· 97 / 서오릉 비가 ··· 98
농익은 인연 ··· 99 / 춘설 ··· 100
마이너스 춘삼월 ···101
가수 최헌을 그리며 ···102
정신 승리 ···103 / 야속 ··· 104
맹꽁이 ···105 / 무제 ··· 106
석탑 ··· 107 / 청산도 ···108

제4장 상고사 픽션 서사

배달 신시 개천 … 112
발 - 상고사를 엮으면서 … 147

제1장 막시

시가 나를 용서해 줄까요? 미안해요.

풀무를 돌려주오

그대 내 불을 지켜주오
풀무를 돌려주오
가난이 오래되면 사람이 헐고
생각이 많으면 가는 길이 멀어서
얼른 부자가 되려고 하지만
재물이 멍울을 가시지는 못 한다오

하지만 두 발로 서 있을 때
아직 내 불씨 숨죽이고
불꽃으로 훨훨 타길 기다리니
그대여 바람이 되어
내 불을 지켜주오

때가 되어 활활 타서
한 움큼 재가 될 때까지
그대 내 불을 지켜주오
풀무를 돌려주오

-2019/6/3 연탄불을 피우며-

사과

누구를 사랑해요?
누군가를 찐 사랑하면
새콤한 사과를 드리세요

누구를 아끼나요?
누군가를 참 아끼시면
사각사각한 사과를 주세요

넘 미안하다 미안하다
미안하다고 얼릉,
꽃송이 살포시 들고
빙긋이 손 내어
사과를 드리세요

아마도
환해질 거예요 그이 눈빛이

-2023/11/21 사과를 먹으며-

상념 想念

세상에서 가장 빠른 이는
생각이지
세상에서 가장 큰 이는
생각이지
세상에서 가장 깊은 이는
생각이지
세상에서 가장 무서운 이도
당연 생각이지
이렇게 생각하다가

세상에서 가장 불행한 이는
그것도 생각이지 ㅠㅠ

그럼 세상에서 가장 행복한 이는
그것도 당연 생각이지 ㅋㅋ
하면서 잠이 들었습니다

-2018/12/12 해외여행 출국 전날 밤에-

양복저고리

양복저고리 걸치다가
헐렁한 가슴을 보노라

우쭐대던 패기
겁나던 호기심 어디 가고
숭숭 뚫린 원천源泉

눈 감고 가만히 들여다보면
무언가 울컥,
목메게 뭉클뭉클 떠오르는
껍데기 이 가슴!

-2023/6/24 기심(奇心)은 어떤 현상이나 물건 등에 대하여 기이하게 생각하고 그것을 궁리(窮理)하는 마음. 인간에게 기심이 없었다면 과연 우리가 만물의 영장이 될 수 있었을까?

마궁따남

남사스러움 아랑곳없이
마누라 궁시
딸랑 딸랑 따르는 남정네

겨울 내내
눈바람 맞은 시래기
늦봄
곰삭은 묵은지 마냥
본맛은 가고
새론 맛이 배었는가

오늘도 그예
꽁무니 건성 잡고
김장 비닐 땜시 을지로
방산시장에 간다

-2017/11/25 시장가는 버스 안에서-

막걸리

심란하고 팍팍할 때
혼자 치는 막걸리는 약발이 좋지
안주는 차치하고
일단 한 종지 널름 들이키면
허기가 가시고

재차 한 종지 꺾으면
켜켜이 쌓인 생활 앙금이
속속들이 씻어 내리지

슬금 또 한 종지 치면
비로소 창 너머 먼 산이
넉넉히 다가와
눈시울에 붙고

거나해 한 종지 더 치면
술술 몸 풀리고 머릿속 저만치
막글은 내 세상
취생 따악 좋구먼!
망각의 수렁으로 미끄덩 빠져들지

양은냄비

쓰레기 분리수거 중
재활용함을 슬쩍 보았다
크고 작은 통조림통이 가득한데
찌그러진 노랑 냄비 하나가
구석에 처박혀 군계일학으로
훅 눈에 들어왔다
라면이라도 끓일 수 있을까
얼른 양은냄비를 주워 살피니
역시 구멍 나 있었다

나는 도로 함 속에
그 양은냄비를 맥없이 던졌는데
순간 양은 냄비가 둔탁하게
크게 소리쳤다
마치 우는 듯이
나도, 나도 한때는
펄펄 끓은 때가 있었다오
막살아온 냄비가 아니라오
그렇게 말하는 양 느껴졌다

갑자기 젊은 시절이 생각나고
지금 보니 나 역시
꿈은 사라져 구멍이 나 있었다

-2020/12 예순 여섯 동짓달 어느 날에-

나의 옷에게

세상 구르는 동안
또 죽은 후에도
숙명으로 옷은 입어야 하니
사랑하는 옷아
너는 나의 천진을 감추고
헛것을 짓거라
그것이 정녕 옷에 사는지
내 맘에 사는지 분간이 안가지만
알몸이 될 수 없는 나의 한계를
너는 죄다 알고 있으니
사랑하는 옷아
너는 색즉시공色卽是空의 색을 먹이로
실컷 분별을 낳고
또 한참 날 써먹다가
철 지난 선거벽보처럼 무념할 때
버리거라 아쉬워 말고
버리거라 아랑곳없이
나 알몸 그래도 서럽지 아니하리라

-2022/5/31 선거철 지난 후 빛바랜 벽보를 보며-

*숙명(宿命) : 옛날 28수(宿) 별자리는 밤하늘을 크게 청룡(靑龍; 동방) 백호(白虎; 서방) 주작(朱雀; 남방) 현무(玄武; 북방) 4부분으로 나누고 그 네 별자리마다 다시 일곱 개의 별자리를 부속 별자리로 구분하였다. 그리고 우리 선조들은 - 모든 사람은 세상에 나올 때 특정 별자리(宿)의 점지를 받고 태어나며 각 사람은 그 별자리가 명(命)한 바에 따라 삶이 결정 된다 - 이렇게 믿고 따랐다. 그렇다면 지금 시집을 내는 나에게 정목안의 숙명이 있단 말인가.

*정목안(井木犴) : 28수 별자리 중 남방 주작 별자리에 속한 별자리로 문(文; 글)을 관장한다.

분주 奔走

온종일 왔다 갔다
하루를 지내고
온종일 왔다 갔다
금방 한 달 두 달 반평생
훌쩍 호시절 보내고

온종일 왔다 갔다
생명의 리듬, 분명 좋다지만
일왕일래 一往一來 뿐이고
허물 굳은살 여기 가득하지만

닳아빠진 멍에 회까닥 벗고
스스로 위로 하자
여태 살 구녕 뚫기 위해
너 정말 찐 수고 했어,
한-순간만이라도 이렇게
상賞을 주자

-2018/12/24 성탄 전야에-

심장의 무게

깃털보다
무거워도 가벼워도 아니 된다

조금 무거운 양심은
마음을 빼앗겨
그곳에 살煞이 낀 때문이고

조금 가벼운 양심은
남의 맘을 훔치는 희열로
그것이 증발했기 때문이다

이담 심판에서
피닉스를 얻고 싶다면
심장의 무게가
깃털 무게만 해야 한다는데
도대체 꿈이나 꿔볼 말인가?

한결같이 산다
어허 이거 참 어렵다

-2019/10/15 이집트 사자의 서를 읽고-

제야 除夜

섣달그믐
차례에 올림 밤을
공들여 깎는다

설음식이야
안식구 몫이라 해도
밤알 깎기만큼은
온전히 제주祭主 손품이라고
예전에 아버지가 그러셨는데

건듯 칠십을 지나
생밤 치기조차
손아귀 이만저만 어둔하고

가슴이 일렁이도록
기다려지던 날, 어랑 이런
어연드시
설운 손님으로 변했다

-2022/1/23 까치설날에-

*제야(除夜) : 섣달 그믐날 밤. '밤을 없게 하다'라는 뜻으로 이날 밤을 지새워야 머리카락이 세지 않는다는 속설이 있었다.

자식 子息

동창 춘환이가
군대 보내는 아들을
무진無盡 안타까워하기에
그 친구 햐-
정 좀 수다스럽네
괜스레 빈정거렸더니

큰놈 훈련소 입소시키고
돌아오는 길
버스 안에서 갑자기
아버지 생각에
눈물이 스르르 배어났다

이 철딱서니 없는 녀석아,
이담 이담에 니도
자식 키워 봐라
잔정으로 툭 핀잔하시던 말씀

어매 모르겠네 모르겠네
왜 그리 꼭 맞는지

왜 이리
맘속에 되살아나는지

근래近來 딸 여운 남호, 동혁아
니들도 그러하지, 아니한감?

- 2005/5/30 훈련소 참관 후 돌아오는 중에-

끼니

며느리가 안달이다
한 숟가락 더 먹이려

입 속에서 이내 반짝
금시 한줄기 빛이 비치고

만나지잉?
한 숟깔 더 응 ~

정녕 밥은
너에, 너의 하늘이다

누구나 이 시간···
남부러울 거 있을까

-2020/2/29 손녀 맘마 먹는 중에-

취업

한 남자 한 여자에게
취업은
하늘만큼이나 큰일이고

한 가정에게
실직은 발밑 꺼지는 허망이다

두 손에 뭔가
떨어져 바람이 날 때
예서 인심이 나고
실실 웃음이 나고

또 마냥
살맞이 난다

-2018/10/27 친구 아들 취업 소식을 듣고-

혼사

애야, 달력에 동그라미 치거라
강 교장 댁 딸내미
인자 시집 간단다

올곧은 싸리나무 대
반쪽을 갈라
그 사이 사주단자 끼우고
청실홍실로 꽁꽁 동여매여
함속에 가지런히 넣고

후덕한 다둥이 아빠 하나
함진아비로 세우고
열두 자 옥양목으로
칭칭 동여맨 함을 둘러메고서
함진아비 나가신다
함 사시오~ 함을 사!

강 교장 댁 딸내미
이제 시집 가누나

신랑 신랑 새신랑아
뉘집 악동이고?
남 딸네미 냉큼 채가는
옳거니 훤칠씩씩 동량이로구먼

강 교장은
가슴이 먹먹하겠네
살림밑천 시집을 가니
강 교장 댁은
종종걸음 바쁘겠네 웃겠네
백년손님
서동婿童이 장가오니

애야, 달력에 동그라미 치거라
강 교장 댁 딸내미
시집 간단다

           -2021/5/25 강 교장 딸 혼사를 축하하며-

강아지 인형

여섯 살 손녀와
버스 타고 잡화점 가설랑
강아지 인형을 샀다
돌아오는 길
잡은 손 꼭 잡고
우리 집 쪼깐이 재롱보물
까치발로 노래를 흥얼흥얼,
아으 이 뭣이고?
바보할배같이
세파世波에 절고 뭉친 가슴
초콜릿처럼
사르르 녹는다

-2023/12/14 손녀 유치원 하원 길에-

소방관

님 골나고 덩달아
우리들 저마다 늘
제자리서 내쫓긴 얼굴
먹을 꺼 빼앗긴 얼굴
천만 가지 주고
받은 건 없는 얼굴이어라

엄동은 아직 막막하고
봄은 저편 멀었는데
피차 시무룩 우리 모두
볕들 구멍은 막히고
참사람 잃어버린 얼굴이어라

남아 님들아 암만
세상 아쉬워 굽힌다 해도 차마
큰 바위 얼굴 버리지 마오
가난한 마음
오히려 행복할지니

-2022/1/8 소방관들의 순직을 애도하며-

광장시장에서

재작년 7월
종삼에서 너를 만나 커피 한 잔을 하고
8월쯤 광장시장에서
막걸리 한 잔을 하고
막걸리 빈대떡 값을 네가 냈지
그다음 11월 종삼에서 커피 한 잔을 할 제
몸이 안 좋아 술 담배 모두 끊었다고
네가 말했지
그 후로 근 1년 너를 보지 못했는데
뱅규야, 나 이제 가네
이담에 보세
한마디 귀띔도 없이 갔는가

광장시장 북문에서 마냥 너를 기다리지만
안 오네 안 오는구나 너는
아니 올 수가 없지
할 수 없이 나는 시장 박가네 집에서
혼자 빈대떡에 막걸리 한 잔을 치고
비실비실 걸어서 동대문 옆
낙산 성곽을 서성이다가

야 연석아, 사는 거 별거 아녀
친구와 막걸리 한 잔하는 거
그것이 별거이지
잔말하던 너의 자리를 지운다

        -2021/1/27 뱅규를 떠나보낸 후에-

*인마(人摩) : '사람의 머리'라는 뜻의 신라시대 이두표기로 사람을 낮추어 부르는 말로 추정한다.

토르토니 고백

육십 중반에 해외랍시고 다녀 보니
외화 일전 낭비에도 애끊고
길에서 어쩌다 낯익은 차라도 마주치면
괜히 반갑고 겸연쩍어 젊은 날
외화 한 푼 번 일이 있었던가
선천으로 해외여행권이라도 받았던가
자괴감으로 근사한 볼거리도 주마간산할 제

부에노스아이로스 한 카페 가보니
판 벌린 지 130년 된 고물인데
손님들 장사진 쳐서 한참
기다려야 들 수 있고
웨이터 에스코트 따라 자리 잡으면
장식마다 그윽한 고풍에
세상사람 눈에 든 유명 작가들
그 자취 훈훈한 고로

뇌 속에는 왜
우리는 이런 가게가 없을까
왜 우리는 전통을 엿 사먹을까

고졸한 색향미성촉色香味聲觸은
정말 치워야 할 쓰레기일까

뒤이어 지하 공연장에 내려가니
간결한 무대 격한 스타카토 톡톡 튀고
남녀 춤꾼들은
한껏 제 기를 투사하니
누군들 탱고에 흠뻑 젖지 않으랴!

이제 버리지 아니하리라
비록 낡고 색깔 바랬다 할지라도
버리지 아니하리라
겉치레나 잇속을 떠나서
꼭꼭 숨은 알갱이를 캐내리라
우리 앙금 바탕을
아끼고 지키고 사랑하리라

-2019/1/3 토르토니에서 커피를 마시며-

*훈훈(薰薰) : 향초를 켤 때 느끼는 향기로운 냄새와 은근하고 따스한 온기를 뜻한다.

서오릉 편지

허튼 걸음으로 서오릉을 거닐다가
고즈넉한 분위기 살가워
언제 우리 다시
이 같은 왕릉을 만들 수 있으랴
스스로 묻는다

발걸음이 매봉 자락
숨은 듯 익릉에 이르면
더없이 가슴 스산한데
정자각 월대 살뜰히 오르면
일순에 그 마음 간 데 없고
고인들 정갈한 심정 엿보인다

엊그제 비 온 뒤
늘 하던 걸음
익릉 정자각 올라서니
하뿔싸 단아한 자취 웬 말인가
서오릉의 조용한 응원군
안산 망월산
양지뜸 고갯마루에

난데없이 우뚝 선 테크노 빌딩
염치없이 빠끔히 머리 디밀고
도둑괭이 눈알처럼
여기 산수를 훔치고 있구나

-2023/4/14 서오릉에서-

*안산(案山) : 풍수지리의 명당 조건「좌청룡 우백호 주작 현무」에서 앞쪽 주작에 해당하는 산을 말한다. 주작에 해당하는 산은 마치 명당을 향하여 신하가 공손히 읍(반절)을 하는 형상을 갖추면 최고로 친다. 그러므로 이 산을 가로막거나 훼손하면 그것은 우리 세계문화유산을 망치는 것이 아닐까.

유우니 사막에서

강원도만한 땅뎅이
소금사막 가운데

저마다 신명에 겨워 발광하며
기이한 포즈로
사진 찍는 사람들 속에서
나는 서글프다

오염된 이 몸댕이
2,500만년 영겁永劫의 결정체
소금 한 알에 견줄 수 있을까
아니, 견줄 수 없을 것이다
견줄 수 없을 것이다

하여 문득 눈을 들어
지평선 저 너머 넋 잃고 바라보며
별똥 같은 생명체 하나
이 먼 곳까지
왔다 보았다 느꼈다
얄팍한 의식으로 우쭐하지만

뜨거운 뙤약볕에 아래
나는 왠지 모르게
서글프다
고연히 서글프구나

-2018/12/22 소금사막 나그네 길에-

코로나 유감

온 누리에
창궐한 역병
누구나 목숨이 아깝고

방역에 힘쓰는 이들
선한 눈망울
고단한 몸짓을 볼 때마다
애처롭고 그냥 고맙다

설령 그것이
판도라 상자에서 나왔다 할지라도
아직은 그곳에 단 하나
남은 것이 있어서

말문을 가리니
졸아든 영혼이 나래를 펴고
손을 씻으니
마음이 안식을 얻고
거리를 두니
너의 참 빛깔이 보인다

허나 가린 말문은
너 나 없이 벌써 답답하고
무릇 손은 바빠야 돈을 사고
몸은 부딪쳐야 활력이 솟으니

역병疫病아 돌림병아, 살煞의 종자야
써~억 물러가라
제발 사라져다오!

-2020/7/21 코로나에 부치며-

고사의 돼지머리

옛날 옛적 상제 부름에도
열두 번째 끄트머리 차지한
느긋 유들거리는 돼지는
본디 천상 칠성좌에서 용과 함께 살았지요
어느 날 이들은
상제가 즐겨먹는 천도복사를 몰래 따서
서로 더 먹고자 티격태격하다가
얼굴이 거무스름해서
그렇지 않아도 따돌림 받던 돼지는
그만 용에게 미움을 받아
천계에서 지상으로 추방 되었지요
하지만 돼지는 12지신 가운데
상제의 으뜸 귀염둥이!
그런 돼지의 지상 내쫓김을
상제는 무척 애틋이 가여워했지만
천상으로 다시 부를 수는 없었지요
대신 돼지가 세상에서 비는 소원은
웬만하면 다 들어주기로 하였답니다
속세로 쫓겨난 돼지는 무엇이든 잘 먹고
남의 먹거리까지 탐내었기에

난태습화생 온갖 생물에게 미움을 받았지요
하지만 돼지는 스스로 자부심이 있었어요
'나는 예전에 천계에 살던 동물이다'
'너희와는 차원이 달라'
'상제께서 내 소원은 무엇이든 다 들어 주신다'
'내 이름이 달리 '돼지'이겠니?'
이렇게 멸시받을 때마다 속으로 뇌까렸습니다
그런데 돼지가 천계에 살던 동물임을 어떻게 증명하냐고요?
그건 돼지 뒷다리 새끼발굽 언저리
북두칠성 같이 보일 듯 말듯 뵈는 점 일곱 개
이것이 증거랍니다
이걸 사람들은,
돼지가 영물임을 금시 촉새처럼 알아챘지요
사람은 영장이기에 앞서
여간 영악한 물건 아니던가요?
고사는 본디 소원수리가 장땡이고
사람들 손발이 다 닳도록 빌어보지만
상제께서 소원을 외면할지도 모르잖아요
그래서 사람들은 얕은꾀로 고사에
자칭 천상 영물 돼지를 매개시켰습니다
상제께서 보기 쉽도록 제상 맨 앞 가운데
돼지머리를 진설陳設하는 겁니다
이때 돼지머리는 흠집 없고
반듯이 살포시 헤헤 웃어야 해요

그래야 상제께서 돼지를 반겨 귀여워하고
고사 지내는 이 소원까지 도매금으로 들어 준다
바로 이겁니다
그리고 고사떡 얻어먹는 사람은 돼지 입에
배춧잎 몇 장 노잣돈으로 끼워야 하지요
"돼지야, 상제 앞에 가거든 우리 소원 뇌꼬아받
침 잘 해다오"
한데 요즘 고사 제상에는 흠투성이에
찡그리고 골난 돼지만 보이네요
이걸 상제께서 예쁘게 봐줄 리 없잖아요
그러니 고사 지낸들 뭔 소용이 있겠습니까?
고연히 백성 등골브레이커들만
살판나는 꼴이지요

-2022/10/25 후배 음식점 개업 고사에서-

법정에서

전철 경로석에 앉아
법원 가는 내내
마음이 심란했다
도살장에 끌려가는 소처럼
의자 등받이에 척추를 세우고
주름진 얼굴 곧게 펴도
자책自責은 쉼 없이
교대역까지 이어졌다

곧 허둥지둥 질러가는 걸음
법원에 들어서니
유스티티아 여신상 힘겨운 듯
왼 손에 저울
오른 손엔 칼을 들고 서 있었다

옳고 그름을 떠나서
저 저울에
아으 내가 실렸구나
양심이 몇 푼인가
고깃덩이처럼 실리었구나

축 쳐진 어깨 탄식하고
법정 문 앞
머뭇거리다 무심코 뒤 돌아보니
웅성거리는 사람들 사이
내 발자국이
어정어정 따라 오는가 싶더니
곧 스멀스멀 사라지고 있었다

허나 어쩌랴, 바로 돌아서며
스스로 다짐했다
그려 악연도 연이고
드는 돌에 낯 붉어짐이라
자네, 세상살이
내 탓이오 내 탓이오
다 내 탓이오
일곱 번씩 칠십 번만 외게나

    -2024/6/21 법정 가는 도중에-

빚

무엇이든 빌리는 마음
다 사정이 절박하지
한 달만 쓰고 갚을게 부탁해
어르면 어쩔 수 없이 공감
안 주고는 못 배기지

무엇이든 못 갚는 마음
다 까닭 매여서 미안하지
돈이 속이지 사람이 속이나
둘러대면 어쩔 수 없이 공감
물러서지 않고는 못 배기지

무엇이든 빌려준 마음
그저 없다손 치자
삭이면 어쩔 수 없이 건망
그지만 이제나 저제나 편할 리 없지

어허 근데 벗님네야
이 양반 다그치는 순간
그대도 하늘 빚쟁이

어쩔 수 없이 따라지 되지
그니까 이 씨앗 아예 심지를 마소
돈 잃고 친구 잃는다
옛말 그른 적 없네

에구머니 그런 말 마소
세상살이 곧 빚지는 길인데
똑같은 빚쟁이로
잃을 게 무엇이오
가지고 갈 게 무에란 말이오

-2024/7/15 빚을 독촉하며-

물 水

노자 老子

가장 훌륭한 건 물과 같으리
뭇 생물을 이롭게 하면서
뭇 사람이 슬히는
낮은 곳을 마다하지 아니하니
오호라 님의 본성은
머무름 그건 땅에 슬며들길 좋아하고
마음 그건 심연深淵을 닮아서 그윽하고
어질음 그건 더불어 나누길 기뻐하고
말씀 그건 미더움이 두텁고
올바름 그건 바로잡힘에 익숙하고
일 이룸 그건 순조로움에 능통하고
움직임 그건 때맞춤을 어기지 아니하고
무엇이든 그리고 언제나
다투지 아니하니
어찌 허물이 생길리 있으랴!

-2021/3/15 청수 한 잔에 도덕경을 읽으며-

*슬히는 : 싫어하다의 옛말.

*도덕경 제8장
上善若水 水善利萬物而不爭 處衆人之所惡 故幾於道 居善地 心善淵 與善仁 言善信 正善治 事善能 動善時 夫唯不爭 故無尤

낙화암 유감

사람아
세월이 약이지라 말하지 마오
세상은 달음박질 치고
등은 자꾸 휘는데
세월이 약이지라 말하지 마오

서산일락西山日落, 홀연히
백마강 은빛으로 물들 때
부소산 낙화암 바위가 이녘
그 옛날 단심丹心이 그리운데

저 강물아
세월이 약이지라 말하지 마오
제기럴 애끓는 심절心絶도 없이
어언지간
잊었지라 뇌지 마오

-2021년 춘삼월 성묘 길에 고향 부소산에서-

기형도

시에 목숨 건 기형도
열무 삼십 단 쓰고
스물아홉 단에 북망으로 떠났다

인因이 박히면
하찮은 글 몇 줄에도
목숨을 거는 걸까

그러던 그 떠나던
극장 음울한 의자에서
슬며시 고향에 되돌아와
그 때처럼 오도카니
무심히 앉아 있다

-2020/11/2 광명시 소재 시인의 문학관에서-

제2장

신라 사뇌 9가, 고려가요 2가

먼저 이해를 구하며

향가의 본디 이름인 사뇌(詞腦)는 옛 우리말 '싀ᄂ이'(섀놔이)를 한자 사(詞)와 뇌(腦)의 음을 빌린 차자표기이다. '싀ᄂ이'는 '싀'와 'ᄂ이'로 따로 분리하여야만 그 뜻을 알 수 있는데, '싀'는 도읍을 뜻하고, 다음 'ᄂ이'는 노래라는 뜻이다. 'ᄂ이'는 현재 노래를 뜻하는 낱말 '나위'로 변하였다. 따라서 '싀ᄂ이'의 본디 뜻은 「도읍의 나위」 곧 「도읍에서 불리는 노래」라는 뜻으로 향가(鄕歌)의 뜻인 「시골 노래」와 정반대 개념이다.

그런데 통일신라에 들어서면, '도읍의 노래'라는 뜻인 '싀ᄂ이' 곧 사뇌(詞腦)는 일정형식인 '3죽6명1차'를 갖추고 그에 걸맞은 새로운 별칭을 얻은 것으로 보인다. 그것이 바로 '밑대'라는 낱말이다. '밑대'는 '세 개의 대나무'라는 뜻의 우리말인데, 사뇌의 구성형식이 세 개의 맥락으로 되어 있기 때문에 비롯된 이름이다.

신라 사람들은 '밑대'를 한자의 훈과 음을 빌려서 삼대(三代)와 삼죽(三竹)으로 표기하였다. 즉 '밑'을 '밑 삼(三)'으로 훈차하고, '대'를 '마디 대(代)'의 음을 빌려서 표기한 것이 삼대(三代)이다. 삼죽(三竹)은 '밑'를 '밑 삼(三)'과 '대 죽(竹)'으로 훈차 표기한 것이다. 그러므로 삼대(三代)와 삼죽(三竹)은 모두 우리말 '세 개의 대나무'라는 뜻인 '밑대'를 한자의 훈과 음을 빌려서 표기한 이두이다. 결론적으로 신라의 사뇌 곧 밑대는,
① 3죽(竹) - 시가의 얼개가 세 개의 맥락으로 구성 되고,

② 6명(名) - 한 글발(행)마다 여섯 개 내외의 마디말로 이루어지며,
③ 1차(嗟) - 3죽 첫 글발에 하나의 차(嗟) 즉 감탄사를 넣는 정형시이다.

 현재 삼국유사에 전하는 신라 사뇌(향가) 14가는 모두 귀중한 작품이다. 다만 필자는 이 중에서 문학적으로 뛰어난 노인헌화가, 모죽지랑가, 서동요, 원가, 원왕생가, 제망매가, 찬기파랑가, 처용가 등 9가를 꼽는바, 제2장에서 이들을 나름 현대적으로 해석하고, 고려가요 중 문학적으로 빼어난 정읍사와 청산별곡을 곁들여 감상해 본다.

*14가 : 노인헌화가, 도솔가, 도천수관음가, 모죽지랑가, 보현심원가, 서동요, 안민가, 우적가, 원가, 원왕생가, 제망매가, 찬기파랑가, 처용가 등

모죽지랑가 慕竹旨郎歌

득오랑 得吾郎

지난 봄 헤아려 보매
모든 것이 오롯이 시름이라
어느 때나 둥그런 얼굴
아름다우신 모습은
햇수 흐름에 따라 흐릿해지니
눈을 지그시 감고
(옛 일을) 돌이킬 사이에
(낭을) 만나오게 되면
어찌 알아 보올까?
낭이여, 그리는 마음이 가오는 길에
떠돌이질 하는 거리 가운데
잠자는 밤이 익어가네

요약 해설

1) 출전 : 삼국유사 권2 기이 제2 「효소왕대 죽지랑」
2) 창작 시기 : 신라 제32대 효소왕 원년
3) 창작 배경

　죽지랑은 진골로 신라 선덕여왕·진덕여왕·태종무열왕·문무왕 등 4대에 걸쳐서 팔십 평생 장군·각간을 역임하며 신라 조정에 이바지한 사람이다. 죽지랑이 화랑의 우두머리 국선이었을 때 그의 급간(문서수발을 관리하는 직책으로 추정)으로 득오랑이 있었다. 득오랑은 나중에 죽지랑이 벼슬에 나아가자 그의 서장관(書狀官)으로 평생 생사고락을 함께하였는데, 죽지와 득오는 주종(主從) 관계에 있었지만 지음지기(知音知己)로 서로를 아꼈던 모양이다.

　신문왕이 죽고 그의 태자가 왕위를 물려받은바 그가 바로 효소왕이다. 효소왕은 이 때 나이가 여섯 살이었기 때문에 신라의 앞날은 암울하였고 조정은 어린 효소왕을 대신하여 그의 어머니 신목왕후가 섭정하였다. 이렇게 신라 조정이 어수선할 때 원로로 추앙받던 죽지랑 마저 죽자 그의 서장관으로 지기였던 노인 득오랑은 그를 기리면서 이 사뇌가를 지었다. 신라에서 '랑(郞)'은 남자를 지칭하는 말로 영어 '미스터'와 같은 뜻의 말이다.

4) 특이한 낱말 풀이
*항(巷) : 백제는 행정구역에 항(巷)을 사용하였음이 부여 궁남지 출토 목간에서 '서부후항(西部後巷)'이란 기록으로 확인됨. 즉 백제는 사비성을 5부(동

서남북중)로 나누고, 다시 부마다 5항(상후좌우중)의 길거리로 나누었다. 그러므로 신라도 백제와 유사한 행정구역 체계를 갖고 있었다고 추정하면 이 시가의 항(巷) 역시 길(거리)에 해당한다.

5) 원문

1 죽	去隱春 皆理米「거은춘 개리미」
	毛冬 居叱沙 哭屋尸以 憂音 「모동 거질사 곡옥시이 우음」
2 죽	阿(何) 冬音 乃叱 好支賜烏隱 貌史 年數 就音 墮支行齊 「아(하) 동음 내질 호지사오은 모사 년수 취음 휴지행제」
	目煙 廻於尸七 史伊衣 逢烏支 惡 知作乎下是 「목연 회어시칠 사이의 봉오지 오 지작호하시」
3 죽	郎也 慕理尸 心未 行乎尸 道尸 「낭야 모리시 심미 행호시 도시」
	蓬次叱 巷中 宿尸 夜音 有叱下是 「봉차질 항중 숙시 야음 유질하시」

서동요 薯童謠

서동 薯童

선화공주님은 남모르게
어를 치하고 마둥이 방안에서
밤마다 저녁을 품곤 가유

<필자의 색다른 해석>

선화공주님은 남몰래
연애할 남친과 마둥이 방에서
밤마다 라면 먹고 가요

<좀 더 나아간 필자의 현대적 해석>

요약 해설

1) 출전 : 삼국유사 권2 기이 제2 「무왕」
2) 창작 시기 : 백제 제30대 무왕
3) 창작 배경

  무왕의 어릴 때 별명이 서동이었는데(본명은 장璋임), 그의 기량(器量; 재주와 능력)은 헤아릴 수 없이 컸다. 서동(薯童)은 우리말로 '마둥이'이고 '마를 캐는 아이'라는 뜻이다. 나라 사람들은 그가 늘 마를 캐다가 팔아서 생계를 유지하였으므로 '마둥이'를 그의 이름으로 삼았다.

  그는 신라 진평왕의 셋째 딸 선화공주가 매우 아름답다는 말을 듣고 머리를 깎은 다음 신라 서라벌로 가서 서동요를 지어서 마을 아이들에게 마를 나눠주면서 이 동요를 부르게 했다. 이 동요는 궁궐까지 알려졌고, 그러자 조정 백관들은 공주를 불결하다고 강력하게 아뢰었다. 진평왕은 이로 인해 공주를 유배시키지 않을 수 없었다. 공주가 유배를 떠나려 하자 왕비인 어머니는 공주에게 순금 한 말을 주었다. 공주가 유배지에 도착할 즈음 서동이 나타나 절을 하면서 "공주님을 모시고 갈 것입니다"라고 말하였다. 이에 공주는 서동이 누구인지 몰랐지만 우연한 만남을 기뻐하며 그를 따라갔고 서동의 방에서 정을 통하였다. 그 후 서동은 공주가 가지고 온 금으로 인심을 얻어 백제의 왕이 되었고, 선화공주와 함께 용화산(지금의 익산 미륵산) 아래 큰 연못을 메우고 그곳에 미륵사를 창건하였다.

  2009. 1. 14. 국가유산청이 익산 미륵사탑을 보

수·정비하다가, 심주(心柱) 상면(上面) 중앙의 사리공(舍利孔)에서 금제사리호(金製舍利壺), 금제봉안기(金製奉安記) 등 사리장엄(舍利莊嚴)을 발견하였다. 탑의 건립 내역을 새긴 금제봉안기(0.3mm 두께의 순금박지에 양각 글자)에 의하면, 탑을 세우도록 시주한 사람이 백제의 왕후이고, 왕후는 백제 8대 귀족 중 하나인 '사택'씨 가문의 딸로 기록돼 있다. 이것은 신라 진평왕의 셋째 딸로 기록된 선화공주가 백제 무왕 함께 미륵사를 조성했다는 삼국유사의 기록과 차이가 있다. 하지만 미륵사탑에서 발굴된 금제봉안기는 백제의 직접적인 유물이고 그 연대(기해년, 639년)까지 적혀 있어서 이 기록이 정확할 것이다.

즉 백제의 방계 왕손이었던 서동이 서동요를 지어 이를 시중에 퍼트리는 지략을 발휘함으로써 - 익산에서 큰 세력을 가지고 있던 '사택'씨 가문의 딸을 꾀어 결혼하였고 그녀 가문의 도움을 받아 백제의 왕이 된 것으로 본다. 그 후 서동이었던 무왕은 백제의 도읍을 부여에서 익산으로 옮기려는 계획을 세우고, 그 계획 아래 재위기간 동안 익산에 어마어마한 왕궁과 미륵사를 창건하였으나 끝내 백제의 도읍을 익산으로 옮기지는 못한 것으로 보인다. 그러므로 선화공주는 당시 익산에 큰 세력을 가지고 있던 백제 귀족 '사택'씨 가문의 딸임이 분명하다.

하지만 백제가 망하고 서동요가 신라로 전해지면서 그 유래가 삼국유사의 내용처럼 윤색된 것으로 필자는 추정한다.

4) 특이한 낱말 풀이

① 석(夘) : '저녁 석(夕)'에서 '저녁'을 취하고(훈음사), '병부 절(卩)'에서 '짝'을 취하여 이 글자의 훈을 '저녁(짝)'으로, 음을 '석'으로 읽는다.(필자 주해)

② 사족(蛇足) : 위덕왕 때 축조된 것으로 추정되는 익산 왕궁은 백제의 제2 왕궁 역할을 하다가 무왕 때 네모반듯하고 위엄을 갖춘 왕궁(동서 약 250m, 남북 약 480m)으로 중창되었고, 무왕은 백제의 도읍을 사비(부여)에서 이곳 익산 왕궁으로 옮겼다. 이와 같은 필자의 견해는 「무왕 17년 겨울 11월에 서울에 지진이 일어났다」는 기록이 그 근거인데, 지금도 익산은 지진이 잦으나 부여(사비)는 지진 발생 기록이 없다. 다만 무왕이 죽은 후 왕대를 이은 의자왕은 다시 도읍을 익산에서 부여로 옮긴 것으로 보며, 이 후 익산 왕궁은 다시 백제의 별궁으로 돌아갔을 것이다. 그러다가 백제가 멸망한 뒤 사찰로 전환되어 대관사(大官寺)로 불렸고, 백제를 멸망시킨 신라 태종무열왕이 왕 8년(백제를 멸망시킨 이듬해인 661년) 8월 이곳에서 잠시 머물다가 백제부흥군의 급습을 받고 독화살을 맞아 죽임을 당하였다.(삼국사기 「태종무열왕」편, 王8年 6月 大官井水爲血 金馬郡地 流血廣五步 王薨諡曰武烈)

5) 원문

1죽	善化公主主隱 他密只 「선화공주주은 타밀지」
2죽	嫁良置古 薯童房乙 「가량치고 서동방을」
3죽	夜矣 夘乙 抱遣 去如 「야의 석을 포견 거여」

원왕생가 願往生歌

광덕廣德 스님

달님아
이제 또 서방까지 납실는교?
(서방정토 가시거든) 무량수불 앞에서
뇌꼬아받침 두어 가지 사뢰나 주세
다짐 깊으신 부처님 드높이 우러르며
두 손 모아 칼꽃처럼 (합장)하고 사뢰기를
(극락) 왕생을 원하옵니다!
(극락) 왕생을 원하옵니다!
(이렇게 염불하며 아미타불) 그리워하는 사람
(예) 있다고 사뢰나 주세
아으 이 몸을 (극락왕생 시키지 아니하고)
남겨 두면 (부처님께서 아미타불의)
48가지 대원을 이루게 해 주실까?

요약 해설

1) 출전 : 삼국유사 권5 감통 제7 「광덕과 엄장」
2) 창작 시기 : 신라 제30대 문무왕
3) 창작 배경

　문무왕 때에 광덕과 엄장 두 스님이 있었다. 두 스님은 도반(道伴; 함께 도 닦는 벗)으로서 득도 해탈을 목표로 정진하고 있었다. 그러던 중 광덕이 먼저 입적하자 엄장은 광덕의 아내와 광덕의 시신을 장사지냈다. 그 뒤 엄장은 광덕의 아내에게 동거를 권유하고 그녀를 자기의 처소로 데려 갔다. 그날 밤 그가 아낙네를 통정하려 하자, 그녀가 엄장을 물리치며 말하였다. "스님이 극락정토를 구하는 것은 물고기를 잡으려고 나무 위에 올라가는 것과 같습니다. 지아비와 나는 10여 년을 함께 살았지만 일찍이 하룻밤도 잠자리를 같이한 적이 없는데, 하물며 몸을 더럽혔을까요? 그분은 다만 매일 밤마다 단정히 정좌하고 한마음으로 아미타불의 이름만 외었습니다. 혹 서방 아미타정토를 관상하는 16관법을 짓고 그 관조(觀照)가 무르익을 때 밝은 달빛이 창문으로 들어오면 때때로 그 달빛에 올라 가부좌를 하였습니다. 이처럼 정성을 다하였으니 비록 극락으로 가지 않으려고 한들 어디로 가겠습니까? 천 리를 가고자 하는 사람은 첫 걸음을 보고 알 수 있는데, 지금 스님을 보니 동방으로 가는 것이지 서방극락으로 간다고 할 수 없습니다." 엄장은 이 말을 듣고 부끄러워 얼굴을 붉히며 물러나왔고, 그 뒤 원효법사가 가르쳐준 정관법으로 수행하여 마침내 득도 해탈하였다. 이 시가는 생전에 광덕스님이 지은 것이다.

4) 특이한 낱말 풀이

*뇌꼬아받침(惱叱古音) : 자기가 보거나 들은 것을 윗사람에게 말로 고한다는 뜻의 경상도 사투리.

5) 원문

1죽	月下 伊底 亦 西方念丁 去賜里遣 「월하 이저 역 서방념정 거사리견」
	無量壽佛 前乃 惱叱古音(鄕言云報言也) 多可支 白遣賜立 「무량수불 전내 뇌질고음(향언운보언야) 다가지 백견사립」
2죽	誓音 深史隱 尊衣 希仰支 「서음 심사은 존의 희앙지」
	兩手 集 刀花乎 白良 「양수 집 도화호 백라」
	願往生 願往生「원왕생 원왕생」
	慕人 有如 白遣賜立 「모인 유여 백견사립」
3죽	阿邪 此身 遺也置遣「아야 차신 유야치견」
	四十八大願 成遣賜去「48대원 성견사립」

찬기파랑가 讚耆婆郞歌

충담사忠談師

북소리 울리는 곳
살짝 드러난 밝은 달무리
흰 구름 좇아서 떠나간
안쪽 아래
모래가 팔랑거리는 물가 가운데 수풀
이것은 기랑의 얼굴이런가
빠른 오천물 서덜(모래톱)
더럽기 드물고
낭이여 지니신 마음이
각간角干을 쫓아낼 제
아으 잣나무 끝가지까지 높고 아름다운데
(잣나무에 얹힌) 눈은 (이것을) 모른 척 하고
(눈)꽃판이로구나

요약 해설

1) 출전 : 삼국유사 권2 기이 제2「경덕왕·충담사·표훈대덕」
2) 창작 시기 : 신라 제35대 경덕왕
3) 창작 배경

　경덕왕은 신라의 행정 체제, 우리나라 지명·복식·제례 등을 중국식으로 바꾼 사대주의적 임금이었다. 그러나 문학적으로는 이름난 사뇌 작가들을 궁정에 초빙하여 우리 고유시가 사뇌를 짓게 하고 그것을 읊는 시회(詩會)를 자주 가지곤 했다. 당시 충담사는 사뇌 작가로서 이미 이름을 날리고 있었으며, 그 작품 중에 찬기파랑가가 있었다. 찬기파랑가는 경덕왕의 할머니 신목왕후를 찬양한 사뇌가인데, 이로 인하여 경덕왕은 찬기파랑가를 전해 듣고 크게 감동을 받은 모양이다. 그래서 어느 날 충담사를 초빙하여 차를 나누면서 충담사로 하여금 안민가를 짓게 하였다. 그 안민가를 읽어본 경덕왕은 흡족하여 충담사를 국사(國師)로 봉하려 하였으나 충담사는 이를 극구 사양하였다.

　한편 이야기를 거슬러 올라 제31대 신목왕이 죽자 그 왕비인 신목왕후는 6살에 즉위한 자기 아들 제32대 효소왕을 보호하려는 모성애와, 신라 왕대를 지키려 충정에서 어린 효소왕에게 해가 되는 많은 각간들을 조정에서 쫓아냈다. 충담사는 신목왕후의 이런 과감한 수렴청정(垂簾聽政)에 대하여 이를 찬양하는 찬기파랑가(억센 노파를 기린다는 뜻)를 지었는데, 이 시가는 삼국유사에 안민가와 함께 실려 있다.

4) 특이한 낱말 풀이
① 오천물 : 포항시 오천읍 소재 하천인 오천의 냇물로 토함산에서 발원한다.
② 잣나무 : 신라 왕성 박·석·김 씨 중 김 씨 왕대를 의미한다.

4) 원문

1 죽	咽鳴爾處 米 露 曉邪隱 月羅理	「연명이처 미 로 효야은 월라리」
	白雲音 逐于 浮去隱 安支 下	「백운음 축우 부거은 안지 하」
	沙是 八陵隱 汀理也 中	「사시 팔릉은 정리야 중」
	耆郞矣 皃史 是史 藪邪	「기파랑 모사 시사 수야」
2 죽	逸 烏川 理叱 磧 惡希	「일 오천 이질 적 오희」
	郞也 持以支如賜烏隱 心未 際叱肹 逐內良齊	「낭야 지이지여사오은 심미 제질힐 축내량제」
3 죽	阿耶 栢史 叱枝次 高支好	「아야 백사 질기차 고지호」
	雪是 毛冬乃 乎尸 花判也	「설시 모동내 하시 화판야」

노인헌화가 老人獻花歌

지은이 미상

나를
아니 부끄러워하시거든
아무쪼록
소를 잡은 이 손
놓게 말씀 하오
사베바위 그 가에 꽃을
꺾어 받치오리이다

요약 해설

1) 출전 : 삼국유사 권2 기이 제2 「수로부인」
2) 창작 시기 : 신라 제33대 성덕왕
3) 창작 배경

성덕왕 때에 순정공(純貞公)이 강릉 태수로 부임하다가 행차 중에 바닷가에서 낮참(점심)을 먹었는데, 그 때 그곳 옆에 바위 벼랑이 있었다. 마치 병풍 같았으며 높이가 천 길이나 되었고, 위에는 철쭉이 흐드러지게 피어 있었다. 그 때 순정공의 부인 수로가 그것을 보고 주위 사람들에게 말하였다. "누가 내게 저 벼랑의 꽃을 꺾어다 주시겠어요?" 뫼시던 사람이 말하기를, "사람이 밟아서 오를 수 있는 높이가 아닙니다." 다들 나서기를 꺼리어 삼가는데, 옆에서 암소를 끌고(牽牸牛·견자우) 지나가던 노옹(老翁)이 부인의 말을 들었다. 그러자 그 노옹은 꽃을 꺾어다가 받치면서 더불어 가사(歌詞)까지 지어 함께 바치었다. 허나 그 노옹이 어떤 사람인지 아무도 알 수 없었다.

필자가 생각하기에, 노옹은 도가 높은 스님이었을 것이다. 「소를 끌고 감」은 - 불교의 선종에서 본성의 깨침을 '소(진리)를 찾는 것'에 비유하여 이것을 그린 10단계 선화인 - 십우도(다른 말 심우도) 중 제6도 기우귀가(騎牛歸家·소를 타고 집으로 돌아오다)와 비슷하기 때문이다. 이 때 노옹이 지은 받친 사뇌가가 바로 노인헌화가이다.

4) 특이한 맡말 풀이
① 사볘바위 : 아침 햇빛이 바위에 비추면 바위가 그 빛을 받아 붉게 물드는 바위를 가리킨다. 쇠북

바위에 대한 동해안 옛 사투리로 보인다.
② 교(敎) : 왕이나 왕비 또는 신분이 고귀한 사람의 말을 높혀 부르는 존칭어. '말씀하시다'의 뜻이다.

5) 원문

1죽	紫布岩 乎 邊希「자포암 호 변희」
	執音 乎手 母 牛放敎遣 「집음 호수 모 우방교견」
2죽	吾肹(肸) 不喩 慚肹(肸)伊賜等 「오힐(혜) 불유 참힐(혜)이사등」
3죽	花肹(肸) 折叱可 獻乎理音如 「화힐(혜) 절질가 헌호리음여」

원가 寃歌

신충 信忠

물꾸 훌륭한 잣나무는
가을 찬 때 아니 겨우리
엇더타 살짝 너에게 더디게 갈 제
왕자님 말씀으로 말미암은
우러르던 얼굴이 계시 온 담이야
달무리 그림자 지고
이로 인因하여
연못의 가는 물결
찰랑찰랑 혀 차는 소리
아으 그 소리 모래에 있지 다지
(내) 모습이 모래 소리 바라아니
누리 도읍의 찰랑거리는 소리
달아난 다음 차례라

요약 해설

1) 출전 : 삼국유사 권5 피은 제8「신충괘관」
2) 창작 시기 : 신라 제34대 효성왕
3) 창작 배경

　제33대 성덕왕은 세 아들을 두었다. 첫째 중경은 태자일 때 죽고 둘째 승경이 왕위를 이었는데 그가 효성왕이다. 승경이 왕자일 때 궁궐 정원에 있는 잣나무 아래에서 선비 신충과 바둑을 두며 노닐었다. 이 때 승경은 신충에게 "훗날 만일 내가 그대를 잊는다면. 내 말을 들은 저 잣나무가 있을 것이다"라고 말하였다. 이에 신충은 곧바로 일어나 그에게 절을 하였다.

　그런데 그 후 왕이 된 승경은 신충과의 약속을 잊어버리고 신충에게 벼슬을 주지 않았다. 이에 신충이 자기의 원통함을 나타내는 원가를 지어 종이에 써서 그것을 바둑 두던 곳 잣나무에 붙이니 잣나무가 갑자기 누렇게 시들었다. 왕이 기이하게 생각하고 사람을 시켜 조사하게 하였더니 시가를 적은 종이를 금방 찾았고 이를 왕에게 바쳤다. 왕이 몹시 놀라 "정사가 바빠서 가깝게 지내던 사람을 잊을 뻔하였구나!" 하며 신충을 불러서 벼슬을 주었다. 그러자 그 잣나무가 곧 생기를 되찾았다. 이후 신충은 2대에 걸쳐 왕의 총애를 받았다. 이 시가는 개인적 신원(伸冤)을 담은 서사시이다.

4) 특이한 낱말 풀이
① 물꾸(물구) : 무릇(대체로 헤아려 생각건대)의 옛 경상도 사투리이다.
② 엇더타 : 감탄사. 회한, 아쉬움 따위를 나타낼

때 쓰는 말. 주로 옛 시조의 종장 첫 마디에서 볼 수 있다.
③ 겨우다 : 어렵고 힘들다. '겨우다'에서 겨울(冬)이란 말이 생겼다.
④ 누리 : 이 세상.
5) 원문

1죽	物叱 好支 栢史 秋察尸 不冬爾 「물질 호지 백사 추찰사 부동이」
	屋支墮 米 汝於 多支 行齊 「옥지타 미 여어 다지행제」
2죽	敎因隱 仰頓隱 面矣 改衣賜乎隱 冬矣也 「교인은 앙돈은 면의 개의사호은 동이야」
	月羅理 影 支古 理因 淵之叱 行尸浪 「월라리영 지고 리인 연지질 행시랑」
2죽	阿 叱 沙矣 以支如支 皃史 沙叱 望阿乃 「아 질 사의 이지다지 모사 사질 망아내」
	世理 都之叱 逸烏隱 第也 「세리 도지질 일오은 제야」

처용가 處容歌

처용 處容

서울 밝은 달 아래
밤새도록 떠돌아다니다
들어가 자리를 보니
다리가 넷이어라
아으 둘은 내 것인데
둘은 누구 것인가
이런 저기 처용이여
(우리) 치성致誠을 보시면
열병귀신아 (너는) 회 속의 가시로다
천금을 줄까 처용이여
칠보를 줄까 처용이여
천금 칠보도 다 싫소
열병귀신을 빨리 잡아만 주소서
산이여 물이여
천리 밖 여기 처용이여
비나리을 열어가니
아으 열병 큰 귀신아 (처용의) 발원이시다

<악학궤범 수록 훈민정음 처용가 해석>

서울 밝은 달 아래
밤새도록 떠돌아다니다
들어가 자리를 보니
다리가 넷이어라
아으 둘은 내 해(것)인데
둘은 누구 해인가
본디 내 해이다 만은
빼앗겼거늘 어찌 하릿고

<삼국유사 수록 처용가 해석>

*삼국유사 처용가에 실린 네 번째 글발은 악학궤범에 실린 훈민정음 처용가에는 수록되지 않았다.

요약 해설

1) 출전 : 삼국유사 권2 기이 제2 「처용랑과 망해사」
2) 창작 시기 : 신라 제49대 헌강왕
3) 창작 배경

  헌강왕이 개운포(현 울산) 백사장에서 놀다가 왕의 수레가 막 돌아오려고 할 때 바닷가에 갑자기 구름과 안개가 자욱 캄캄해져서 길을 잃었다. 왕이 괴이하여 좌우 사람에게 물으니 천문관이 "이는 동해용의 변괴인바 마땅히 좋은 일로 풀어야 합니다"라고 아뢰었다. 곧 신하에게 「용을 위한 절을 짓도록 하라」 명하는 왕지(王旨)를 쓰게 하고, 이 명령이 나가서 시행되자 구름이 열리고 안개는 흩어졌다. 동해용은 기뻐하며 이내 아들 일곱을 인솔하고 왕의 수레 앞에 나타나 왕의 덕을 찬양하고 춤을 받치고 음악을 연주하였다.

  그 중 한 아들이 입경하여 왕의 정사를 보필하였는데 그 이름이 처용이었다. 왕은 처용에게 미녀를 주어 아내로 삼게 하였는데 그것은 그를 서라벌에 오래 머물게 하려는 것이었다. 또 급간(9관등/17관등)의 직위를 주었다. 이에 처용은 서라벌에서 급간의 소임을 하면서 외국인으로 백성들의 관심을 받고 지냈을 것이다.

  그런데 처용의 아내가 매우 아름다웠으므로 역신(열병을 일으키는 귀신)이 흠모한지라 사람으로 변하여 밤에 그 집에 와서 남몰래 더불어 자곤 하였다. 처용이 밖에서 집으로 돌아와 두 사람이 자고 있는 것을 보고는 이내 처용가를 지어 부르고 춤을 추다가 물러났다. 그러자 역신이 형상을 드러내 처용 앞에 꿇어 앉아 말하였다. "제가 공의 처를 탐내어 지금 범했는데도 공이 노여워하지 않으니 감탄스럽고 아름답습니다. 맹세하노니 오늘 이후로 공의 형용(形容)을 그린 그림만 보아도 그 문에 절대로 들어가지 않겠습니다"라고 말하였다. 이로 인해 나라 사람들이 문에 처용의 형상을 그려 붙여 이를 사악함을 물리치는 벽사(僻邪)로 사용하였고, 스스로 경사스런 일로 나아가려 하였다.

필자는 이 고사에 대하여 다음과 같이 색다른 기심(奇心)을 발동해 본다.

① 동해용은 서역에서 배를 타고 온 기예단(서커스단)이었고, 그들은 마술쟁이·줄타기·버나잡이·공중제비·악공·춤꾼·소리꾼 등 일곱 기예인으로 구성된 것은 아닐까? 그래서 헌강왕은 이들의 신기한 공연을 보려고 개운포에 행차한 것은 아닐까?

② 처용의 본디 이름은 '테오 얼구르'이고, 처용은 이것의 한자 차자표기 아닐까? 즉 테오 얼구르>텨얼굴>텨(處·음차)용(얼굴容·훈차)>처용

③ 왕이 백사장을 떠나려 하자 처용은 마술을 부려 연막 운무를 만들었고, 이에 놀란 왕이 서역 기예단의 거처(居處·망해사)를 만들도록 왕지를 내린 것은 아닐까? 그리고 서역 기예단은 왕의 은혜에 감동하여 왕에게 덕을 찬양하고 춤과 노래를 받친 것은 아닐까?

④ 처용을 서라벌로 데리고 간 것은 외국인의 통역관으로 쓰기 위한 것은 아닐까? 이런 이유로 처용은 통역한 내용을 문서로 작성하기 위하여 신라 관리들로부터 한자와 한자를 이용한 우리말 표기법인

이두와 향찰을 배웠고, 그래서 처용은 외국인임에
도 불구하고 향찰로 처용가를 지을 수 있는 수준까
지 도달할 수 있었던 것은 아닐까?
⑤ 처용은 아내가 열병에 걸리자 이를 역신의 침범
에 비유하여 처용가를 짓고 춤(현재 전해오는 처용
무)을 춘 것은 그의 고향에서 행해지던 서역의 전
통적 관습이나 의식 아닐까?
⑥ 그 후 처용의 처용가(일종의 발원문)와 처용무
는 비나리굿으로 변형되어 조선시대까지 민속으로
전해진 것 아닐까?
⑦ 그래서 악학궤범은 처용가를 2죽까지만 수록하
고 - 3죽의 뜻은 열병의 쾌유를 발원하는 목적과
상반되기에 생략하고 - 2죽 다음에 역신의 퇴치를
바라는 비나리 문구를 실은 것은 아닐까?
  독자 여러분도 상상의 날개를 펼쳐 보세요.

4) 특이한 낱말 풀이
① 유(遊) : 필자는 이 글자를 통설처럼 '놀다'로 해석하
지 않는다. 신라시대 이 글자는 나뭇잎이 물 위를 이리
저리 다니듯 '떠돌다'라는 뜻으로 쓰였을 것으로 추정한
다. 그래서 필자는, 처용이 달 밝은 밤 향수병을 달래려
고 서라벌 거리를 이리저리 떠돌아다닌 것으로 해석한
다. 처용은 외국인이었기 때문에 달 밝은 밤이면 더욱
고향이 간절했을 것이다.
② 오(烏) : 이 글자를 '새 조(鳥)'로 볼 수도 있다.

5) 원문
(1) 악학궤범 수록 훈민정음 처용가

동경東京 ᄇᆞᆯᄀᆞᆫ ᄃᆞ래 새도록 노니다가
드러 자리를 보니 가ᄅᆞ리 네히로새라
아으 둘흔 내 해어니와 들흔 뉘 해이니오

이런 저긔 처용處容아 비웃보시면
열병신熱病神아 회입膾入 가시로다
천금千金을 주리여 처용아바
칠보七寶를 주리여 처용아바
천금칠보千金七寶도 말오
열병신熱病神를 날 자바 주쇼서
산山이여 미히여
천리 외外예 처용아 비를어 여려거저
아으 열병대신熱病大神의 발원發願이샷다

(2) 삼국유사 수록 처용가

1죽	東京 明期 月良 「동경 명기 월랑」
	夜入伊 遊行如可 「야입이 유행여가」
2죽	入良沙 寢矣 見昆 「입랑사 침의 견곤」
	脚烏伊 四是良羅 「가오리 사시랑라」
	二肹(肹)隱 吾 下於叱古 「이힐(혜)은 오 하오질고」
	二肹(肹)隱 誰支 下焉古 「이힐(혜)은 수지 하언고」
3죽	本矣 吾 下是如馬於隱 「본시 오 하시여마어은」
	奪叱良乙 何如爲理古 「분질랑을 하여위리고」

제망매가 祭亡妹歌

월명사 月明師

삶과 죽음의 길은
예 있으니
어찌 (저승사자 몰래) 살짝 머뭇머뭇
흘겨보이 하면서
나는 가네
하는 말도 못 이르고 가시는가
어느 가을
찬 새벽바람이 이리저리 불어서
떨어지는 나뭇잎처럼
한 무리 가지에서 나고도
(죽어 헤어질 때에는) 가는 곳을 모른단 말인가?
아으 아미타불 정토에서 만날 그 날까지
도 닦으면서
기다리고자 하노라

요약 해설

1) 출전 : 삼국유사 권5 감통 제7 「월명사의 도솔가」
2) 창작 시기 : 신라 제35대 경덕왕
3) 창작 배경

  월명사는 이름이 말해 주듯이 스님이었다. 월명사는 당시 사뇌 작가로 이미 유명세를 떨치고 있었던 모양이다. 경덕왕이 그를 특별히 불러서 어전에서 사뇌가를 짓게 할 정도였으니 말이다.

  이 월명사에게 누이동생이 있었다. 그 누이동생이 죽자 월명사가 제(祭)를 올리면서 사뇌가 하나를 짓자, 문득 회오리바람이 일어나더니 종이돈 - 죽은 사람이 극락으로 갈 때 쓸 노잣돈으로 상례에서 제상에 올려놓는 종이로 만든 가짜 돈을 날려서 서쪽으로 사라지게 하였다고 전한다. 여기에서 서쪽은 서방극락정토를 암시할 것이다. 이 때 월명사가 지은 사뇌(詞腦)가 바로 제망매가(祭亡妹歌)인데, 이 시가는 삼국유사에 월명사의 도솔가와 함께 실려 있다.

  국문학자마다 견해가 다르겠지만 필자는 나름의 소견으로 이 작품을 현존하는 사뇌가 중에서 모죽지랑가와 더불어 단연 백미로 본다.

4) 원문

1죽	生死路隱 此矣有 「생사로은 차의유」
	阿(何) 米次 肹(盻)伊遣 吾隱 去內 「아(하) 미차 힐(혜)이견 오은 거내」
	如辭叱都 毛如云遣 去內尼叱古 「여사질도 모여운견 거내니질고」
2죽	於內 秋 察 早隱 風未 「어내 추 찰 조은 풍미」
	此矣 彼矣 浮良 落尸葉如 「차의피의 부랑 낙시엽여」
	一等隱 枝良 出古 去奴隱處 毛冬乎丁 「일등은 지랑 출고 거노은처 모동호정」
3죽	阿也 彌陁 刹良 逢乎吾 「아야 미타찰량 봉호오」
	道修良 待是古如 「도수라 대시고여」

.

혜성가 彗星歌

융천사 融天師

여이 동쪽 물가
찰랑거리는 파도소리
건달파 노니는 성 쫄랑대는 소리
(눈꼴사나워 어떻게) 흘겨서 바라볼고?
이 소리 왜의 군졸이 와서 쫄랑대는 소리더라
봉화불 사르는 가장자리 수풀
삼화산의 관음 보시고 들으니
달님의 여덟 마디가 조만간 장래에
바닷길에 쓸어버리는 별을
(관음보살께서) 예리하게 바라볼까?
혜성아 하얀 반역아
사람이(우리 군사가) 곧 있을 (너를 쓸어버릴) 소리
더뒤구다(늦도다)
아으 신라(나라) 떠나가는 이 소리 여럿이라
이보게 벗,
물꾸 관세음보살 옥음 玉音이 울려야 할 곳
혜성 소리만 있으니
(왜군의) 쫄랑대는 소리가 그 까닭이로고

요약 해설

1) 출전 : 삼국유사 권5 감통 제7 「융천사의 혜성가」
2) 창작 시기 : 신라 제26대 진평왕
3) 창작 배경

　이 시가의 배경이 되는 시기는 진평왕(재위 792~632년) 때이다. 거열랑(居烈郞), 실처랑(實處郞), 보동랑(寶同郞) 세 명의 화랑과 그 낭도들이 풍악(가을 금강산)으로 유람하러 가는데 하늘에서 혜성이 나타나 심대성(心大星)을 침범하였다. 그런데 신라는 예전부터 혜성을 천리(天理)에 반하는 반역(反易) 즉 불길한 현상으로 보았다. 신라시대 이러한 혜성이 심대성을 침범한 것은 여간 불길한 일이 아니다. 왜냐하면 심대성은 신라의 수도 서라벌을 뜻하기 때문이다.

　그래서 화랑 무리는 이것을 괴이하게 여겨 금강산 행차도 중지하고 서라벌로 되돌아가고자 머뭇거렸던 것이다. 그런데 이 때 융천사라는 도인이 나타나 혜성가를 지어 부르니 그 도력에 의하여 혜성의 괴이함이 즉시 사라졌고, 동시에 동해안에 상륙하여 신라를 침범하려던 왜군도 싸움을 멈추고 자기 나라로 되돌아갔다. 그리하여 이 사건은 도리어 복이 되고 경사가 되었으므로 대왕(진평왕 추정)이 듣고는 기뻐하며 화랑의 무리들을 금강산으로 유람하게 하였다.

　그런데 삼국사기에는 진평왕 때 왜군이 신라 동해안에 침입한 기사가 보이지 않는다. 다만 일본서기 권 제22 「풍어식취옥희천황(추고천황)」 8년(서기 600년) 2월에 왜군이 바다를 건너 왔다가 왜군의 장군들이 함께 의논하기길, "신라는 죄를 깨닫고 항복하였다. 구태여 공격하는 것은 좋지 못하다."라고 말하였고, 이내 싸움을 중지하고 본국으로 돌아간 기사가 보인다. 이로 미루어 진평왕 때 왜군이 침입한 것은 역사적 사실이고 혜성가는 이 사실에서 비롯된 것으로 보인다.

4) 특이한 낱말 풀이
① 여이 : '예'의 옛말. 여이>예(여기)
② 건달파(乾達婆) : 풍각장이를 말함. 지금의 건달은 이 말에서 유래되었다.
③ 삼화산(三花山) : 경주 남산의 옛 이름.
④ 달님의 여덟 마디 : 달은 크게 8형태 즉 '삭>초승>상현>보름달'로 부풀고, '보름달>하현>그믐달>삭'으로 줄어드는 과정을 반복한다.
⑤ 반역(反易) : 정역(正易, 올바른 변화)의 반대, 하늘의 운행이 그릇된 현상으로 천리(天理)에 반하는 불길한 변화를 뜻한다.
⑥ 혜성(彗星) : 꼬리별, 살별, 취성이라 한다. 머리(핵)과 꼬리를 갖는데, 꼬리는 먼지·얼음·돌가루 등으로 구성되어 있다. 혜성은 일정한 회전주기를 가지고 우주를 떠돈다.
⑦ 심대성(心大星) : 동양 28수 별자리는 4방으로 나눈다. 그 중 동방의 청룡은 일곱 별자리로 구성되고 그 별자리 중 다섯 번째가 심성이다. 심대성은 심성 중앙에 있다. 신라인은 서라벌이 동쪽에 있는 도읍이기 때문에 자기들의 서라벌을 심대성에 견주었다. 또 심대성은 대화(大火) 또는 대화천왕(大火天王)이라 부르는데 서양에서 전갈자리의 으뜸별

이 심대성이고, 동쪽에 있는 별이 시그마, 그 서쪽에 있는 별이 타우 전갈자리이다.(한국학중앙연구원 디지털백과 인용)

5) 원문

1죽	舊理 東尸 汀叱「구리 동시 정 질」
	乾達婆矣 遊烏隱 城 叱肹良 望良古 「건달파의 유오은 성 질힐랑 힐망랑고」
	倭 理叱 軍置 來 叱多 「왜 이질 군치 래 질다」
2죽	烽 燒邪隱 邊也 藪耶 「봉 요사은 변야 수야」
	三花矣 岳音 見賜烏尸 聞古 「삼화의 관음 견사오시 문고」
	月置 八切爾 數於 將來尸 「월치 팔절이 수어 장래시」
	波衣 道尸 掃尸 星 利 望良古 「바의 도시 부시 성 이 망랑고」
3죽	彗星也 白反也 人 是 有 叱 多後句達 「혜성아 반역아 인 시 질 다후구달」
	阿 羅 浮去 伊叱 等邪 「아 라 부거 이질 등야」
	此也 友 物叱 所音叱 彗叱只 有 叱故 「차야우 물꾸 소음질 혜질지 유 질고」

정읍사 井邑詞

지은이 미상

달하 높이 좀 돋아서
어긔야 멀리 좀 비치오시라
어긔야 어강됴리 아으 다롱디리

(달하) 저 고개 높이 (과실처럼) 열리셨나요?
어긔야 (님이) 진 곳을 디디올까 (두려워요)
어긔야 어강됴리

(달하) 어느 곳이나 다 (달빛을) 놓으시라
어긔야 (님이) 냇물 건너는데 잠길까 (두려워요)
어긔야 어강됴리 아으 다롱디리

요약 해설

1) 출전 : 악학궤범 권5「시용향악정재도」
정재는 궁궐에서 연주되는 음악을 말하고, 향악은 우리나라 고유음악을 말한다. 당악정재는 중국에서 전래된 음악이다. 향악정재도는 궁궐에서 연주되던 우리 고유음악의 악기 배치 및 음표 등을 그린 악보이다.
2) 창작 시기 : 고려시대
3) 창작 배경

고려사 지(志) 권25 악2「삼국 속악 백제」편에 북춤과 정읍사에 대한 주해가 있다.
『나무받침대에 북을 고정시키고 그것을 궁전 바닥 가운데 놓는다. 정읍사를 노래하고 향악으로 곡을 연주한다. 먼저 기녀 2인이 나가서 좌우로 나누어 북의 남쪽에 서서 북쪽을 향하여 절을 한다. 마치고는 꿇어앉아서 두 손을 모으고 일어나 춤추며 악단원의 노래와 하나를 이루는데, 두 기녀는 북채를 잡고 춤을 추고 좌우로 나누어 '나무받침대의 북'(俠鼓·협고)을 두드리며 한 번 나가고 한 번 물러나며 마친다. '허리에 두른 북'(繞鼓·요고)은 앞면과 뒤를 번갈아 치며 주위를 돌면서 춤을 추는데, 북채로 격하게 북을 두드리고 음악을 따라 맺고 일렀다 푸는...(奉鼓及臺, 置於殿中. 諸妓歌井邑詞, 鄕樂奏其曲. 妓二人先出分左右 立於鼓之南 向北拜. 訖, 跪, 斂手起舞 俟樂一成, 兩妓執鼓槌起舞, 分左右俠鼓, 一進一退. 訖, 繞鼓或面或背, 周旋而舞, 以槌擊鼓, 從樂節次,..)

정읍은 전주의 속현으로 이 고을 사람이 행상을

나가 오래도록 돌아오지 않자, 그 처가 산의 바위에 올라 멀리 바라보며 낭군이 밤에 다니면서 해를 입을까 진창물에 더럽힐까 두려워 부른 노래이다. 고개 마루에 그 처가 올라가서 낭군을 바라보던 망부석(바위)이 있다고 세상에 전한다.(井邑 全州屬縣 縣人爲行商久不至 其妻登山石以望之 恐其夫夜行犯害 托泥水之汚以歌之 世傳有登岾望夫石云)』

위 기록으로 보아, 정읍사는 백제에서 악공들이 북춤, 창, 악기연주로 어우러진 패키지 뮤지컬을 공연할 때 불리던 노래로 추정한다. 협고는 현재 오고무(五鼓舞)으로 진화되었고, 요고는 농악에서 설복으로 진화되었다.

5) 원문

1죽	들하 노피곰 도드샤 어긔야 머리곰 비취오시라 어긔야 어강됴리 아으 다롱디리
2죽	져재 녀르신고요 어긔야 즌 디를 드디욜셰라 어긔야 어강됴리
2죽	어느이다 노코시라 어긔야 내 가논디 졈그를셰라 어긔야 어강됴리 아으 다롱디리

청산별곡 靑山別曲

지은이 미상

살어리 살어리랏다 청산에 살어리랏다
머위랑 다래랑 먹고 청산에 살어리랏다.
얄리 얄리 얄랑셩 얄라리 얄라

울어라 울어라 새여 자고 일어나 울어라 새여
너와 같이 시름 큰 나도 자고 일어나 우니노라
얄리 얄리 얄라셩 얄라리 얄라

(날아)가던 새 (날아)가던 새 본다 물 아래 (날아)가던 새 본다
이끼 묻은 큰 골바구니 가지고 물 아래 (날아)가던 새 본다
얄리 얄리 얄라셩 얄라리 얄라

이리하고 저리하여 낮은 지내 왔는데
오는 이도 가는 이도 없는 밤이란 또 어찌할까?
얄리 얄리 얄라셩 얄라리 얄라

살어리 살어리랏다 바닷가에 살어리랏다
나문재랑 굴이랑 먹고 바닷가에 살어리랏다.
얄리 얄리 얄라셩 얄라리 얄라

어디 던지는 돌이고? 누구를 맞히려던 돌이고?
미워할 이유 사랑할 까닭도 없이 맞아서 우니노라
얄리 얄리 얄라셩 얄라리 얄라

(걸어서) 가다가 가다가 듣노라 바깥우물에 가다가 듣노라
사슴이 당간받침대에 올라서서 해금을 켜는 듯이 (우는) 소리를 듣노라
얄리 얄리 얄라셩 얄라리 얄라

겉과 안이 배 볼록한 독에 설진 강수를
(길어다가 항아리에) 부어라
(잘 발효된) 조롱꽃 누룩이 번번히 (나를) 잡으니 내 어찌 할까? (또 술을 담가야지)
얄리 얄리 얄라셩 얄라리 얄라

요약 해설

1) 출전 : 국악에서 속악으로 분류되며 주로 궁중에서 연주되었는데 가사는 「악장가사(17세기 후반 장악원 편찬 추정)」에, 악보는 「시용향악보(조선 성종 때 편찬)」에 수록되어 있다.
2) 창작 시기 : 고려시대
3) 창작 배경 : 알 수 없음. 다만 필자는 신라 말기 진성여왕과 위홍의 작품으로 추정한다.
4) 원문

살어리 살어리랏다 쳥산애 살어리랏다
머위랑 ᄃ래랑 먹고 쳥산애 살어리랏다.
얄리 얄리 얄랑셩 얄라리 얄라

우러라 우러라 새여 자고 니러 우러라 새여
널라와 시름 한 나도 자고 니러 우니노라
얄리 얄리 얄라셩 얄라리 얄라

가던 새 가던 새 본다 믈 아래 가던 새 본다
잉무든 장글란 가지고 믈 아래 가던 새 본다
얄리 얄리 얄라셩 얄라리 얄라

이링공 뎌링공 ᄒ야 나즈란 디내와손뎌
오리도 가리도 업슨 바므란 쪼엇디 호리라
얄리 얄리 얄라셩 얄라리 얄라

어듸라 더디던 돌코 누리라 마치던 돌코
믜리도 괴리도 업시 마자셔 우니노라

얄리 얄리 얄라셩 얄라리 얄라

살어리 살어리랏다 바ᄅ래 살어리랏다
ᄂᆞ자기 구조개랑 먹고 바ᄅ래 살어리랏다.
얄리 얄리 얄라셩 얄라리 얄라

가다가 가다가 드로라 에졍지 가다가 드로라
사ᄉ미 짒대예 올아셔 히금을 혀거를 드로라
얄리 얄리 얄라셩 얄라리 얄라

가다니 비브른 도긔 설진 강수를 비조라
조롱곳 누로기 미와 잡ᄉ와니 내 엇디 ᄒ리잇고
얄리 얄리 얄라셩 얄라리 얄라

<광장시장 어린이
한복집, 나비모양
조롱>

제3장

사뇌의 정형, 3죽6명1차의 부활

산에 가자

산행은 한 편의 시
뫼 이름은 이미 그 제목
한 걸음 두 걸음 고달프지만
가슴은 찢어질 듯 생기만당生氣滿堂
신명은 찌릿찌릿 감사하구나
누군들 이걸
글로 표현할 수 있으랴!
이는 불립문자不立文字
흠뻑 땀 마전한 몸뎅이로
밟고 구르지 아니하면
천 번 듣고 백 번을 보아도
아으 청산에 현덕,
그 실오라기 한 가닥조차
느껴볼 엄두도 못 내리

-2021/4/22 칠장산 산행 중에-

*마전한 : '마전하다'의 용언 활용. 「옷감을 삶거나 빨아 햇볕에 말려서 깨끗하고 희게 하다」 뜻의 우리말이다.

*현덕(玄德) : 노자 도덕경 제65장에 나오는 말로 현묘하고 그윽한 경지를 이르는 말이다.

실존實存 함다

배춧잎이
아침볕 한 다발
다소곳이 빨아들이는 10월
청벌레가 사각사각
배추 새순을 갉아 먹는다
눈이 파 들어가듯 아프다
용케도 몇 마리 잡아
죽일까 말까
스스로 맘을 갉아 먹는데
실존 함다
야들아, 니나 내나 우리 모두
이거 쉽지 않은 속앓이

-2023/10/3 배추 스무 포기를 키우며-

오골계

아카시아 향에 취할 때
한 바람 오골계 농장
달구똥 냄새 몰고 온다
그놈들 필시 2월배 분명하니
복날을 넘기기 어려울 터이지만
좋은 쥔을 만나
제 맘대로 풀숲을 휘젓고 다니며
천지 사이에서
세상맛을 보는구나
그려 짧은 세상 소풍놀이
발뒤축 닳는 줄 모르다가
때가 되어
쥔을 위해 한 목숨 버리니
어험, 오골계야,
그만하면 남부러울 거 없지

-2023/5/17 아카시아 향에 취하며-

서오릉 비가

고개 이편에는 사람이 살고
저편에는 망인亡人이 사네
비바람은 불고
무상사가 유상사라
젖은 손 내려놓고
비 먹은 갯물은 흘러만 가는데
저 건너 술집
얼씨구 불은 더 밝아지고
물끄러미 나는 갈까 말까
오래도록 망설이네

     -2023/6/21 빗소리를 들으며-

*무상사 유상사(無常事 有常事) : 할 일 없음이 할 일이라는 뜻이다.

농익은 인연

정가네 정주네
한 우물 한솥밥
인생 끈 길어지면
팔순에도
들꽃 머리에 꽂고
시골 살아도
신식에 발맞추고
단심이야 무쇠도 녹이지만
보고 또 봐도 물리지 않는
음마, 어디 이런 사람 봤수?
이 한마디
절로 나오시나요

-2024/4/30 노부부를 모시고 담소하는 중에-

춘설

오늘과 똑같이
내일이 반복될지라도
지금 춘정월
때 맞춰 눈이 내리네
아주 차분히
그에 장단 맞추어
군무群舞의 순백을 쳐다보니
앗 뭔가 느껴지네
저것이 무엇인가
송이송이 내리는 눈 사이
아리까리한 공백空白
어허 이런, 춘春과 허망虛妄
저 속에서
함께 아른거리네

-2023/1/26 춘설을 바라보며-

마이너스 춘삼월

춘삼월 내내 가물어도
개나리야 꽃 대궐 지어 놓고
뭔 봄을 맞이할까
허허실실 살랑대지 마라
아무리 연인이 그립다기로
썸도 아니 타고
마냥 헛물만 들이키면
손사래 치고 가는 봄
네 못내 아쉬워해도
어머머 속절없이 지는 꽃잎
돌아볼 새도 없으리

-2023/3/25 인왕산 개나리 꽃구경 중에-

가수 최헌을 그리며

무교동 시절 들었던 소리
최헌은 가고
오동잎만 남았네
지난 날 발악하고 살적에
수인사도 없이 그대
적잖이 위안을 받았는데
고요하게 흐르는 밤의 적막을
이제는 어찌 하릿고
평생 좋아하던 소리
어랑 최헌은 모르쇠 가고
스치는 바람결
전파사 한 견 이즈러진
스피커만 애달퍼라

-2023/2/21 오동잎을 들으며-

정신 승리

보이는 만물은 관음觀音이요
들리는 소리는 묘음妙音이니
보고 듣는 이 밖에 진리가 따로 없고
승자는 단지 승자이고
패자는 단지 패자라 하지만
돈에는 눈이 멀고
비난에 귀 거슬리는 건 인지상정
오매, 어찌 하릿고 차라리
아Q를 따라
내 정신 승리하리라

-2024/2/5 성철스님 법문을 읽고-

야속

비 오는 밤 느지막이
허름한 여관 앞
가로등도 희끄무레한 곳
남녀가 구시렁거린다
라면 먹고 가자
남자가 떼쓰는 모양새
촉이 굼살스럽나 여자
건널목 신호등이 켜지자
갑자기 튀어 나가고
남자가 소매를 잡자
살진 힙으로 이크- 뛰뚱 짜~항
나 어떡해, 눈 깜짝 새 팔짝 일어나
흘겨봄도 없이
쏜살같이 사라진다

-2023/8/22 비오는 밤 귀가 길에-

맹꽁이

머리는 뭉툭 깡똥
배때지는 볼록 대충
우리들 폼새 용케도 탁했는디
지금 야네들
장마에 비 좀 맞았나?
실개천 둠벙마다
여기서 맹~ 저기서 꽁!
성가시게 요란거리네
기왕 그려도 비야 더 내려라
아싸 허벌나게 속 시원히
개구리들 으랏차차 신나게

-2023/3/29 장마 들머리에서-

무제

보리밥에 열무김치
막글 한 사발 걸치고
벌러덩 평상에 누우니
파란 하늘에 흰 구름 한 점
제기럴,
저것은 늘 공짜인데
오늘 더 새롭다

-2024/5/18 옥상 평상에서-

석탑

이천 냥에 산 무릉계곡
비는 내리고
한 뜸 들이다 또 내려서
물소리 시끌벅적할 제
두타산 신령의 청정淸淨
운무는 소리 없이 피어나
홀연히 산령을 넘는데
절 마당 삼층 석탑
생멸生滅 산중 별곡을
어허라 저런, 그까짓 거
못 본 체
우두커니 지켜만 보네

-2023/10/27 두타산 무릉계곡에서-

청산도 靑山島

젊은 시절 서편제
참 감동 깊은 영화였지
아마 나는 그때
하늘도 바다도 땅도 파란
촬영지 청산도에 함 가보리라
맘먹었는지도 몰라
인제 나이 칠순에 바보같이
완도에서 청산아일랜드호를 타고
바닷바람에 들떠서
설레는 마음으로 그곳에 갔지
고개 마루 올라갈 때
진도아리랑이 은은히 들리고
한껏 기대에 부풀어
달음박질 언덕에 오르니
애고 청보리밭 간 곳 없고
유채꽃만 살랑 거리네
청산도가 확 늙어 버린 게로
청보리밭도 구들장논도
농사지을 사람이 읍시니
흔티 흔한 유채로 다 대체했다 말이시

지팡이 기댄 구부정 노인의 말을 듣고
어찌 하릿고 스러지는 문화
갑자기 허망해져서
산길을 따라 터덜터덜 바닷가에 이르니
하얀 조가비 몽돌밭, 물새는
저 혼자 꺼억-꺼억 울다 떠나고
그래도 청산도라
이만한 풍광風光 또 어디 있으랴
반반한 돌멩이를 주워
아으 바람아, 저 망망대해 거시기하는
돌탑 하나 세워 볼까나

-2024/3/22 남해 청산도에서-

경주 월지

제4장

상고사 픽션 서사

역사란 무엇인가? 인류 사회의 '아(我)'와 '비아(非我)'의 투쟁이 시간으로 발전하고 공간으로 확대되는 심적(心的) 활동 상태의 기록이다.

- 신채호 선생의 조선상고사 서문에서 발췌 -

배달 신시 개천 倍達 神市 開天

파미르,
6,100미터를 넘는 산들의 고향
동서남북 네 기둥으로
톈산天山, 쿤론산, 카라코롬, 힌두쿠시 산마루
그 기둥 사이에
타클라마칸 사막, 티벳고원, 이란고원, 카자흐
초원을 거느리고
거기에 하늘을 덮어
온 땅의 지붕으로 군림하니
여기는 천지의 기氣가 모이는 땅

다시 텐산을 타고 북동으로 달려 알타이산맥
그 알타이 너머 동토 한복판
시베리아의 푸른 눈
바이칼, 여기에 아르따1)가 있었느니라.

이곳에 파란 하늘과 추위
구름을 벗 삼고
광명을 좋아하는 사람들
움집에 살면서
그때에 이미 간석기를 능히 다루고

빗살무늬토기2)에 불로
먹거리를 조리하는 문명인
그들은 스스로 하늘의 자손
시기이3)로 불렀고
자기 나라를 환국桓國4)이라 불렀느니라.

이에 우주에 거하시는 일신一神께서
한 사람을 내려 보내시어
제사를 주관하고
무리를 보살피고 바로잡게 하니
이분이 환국의 임금이시고
그 이름이 환인桓因5)이시라

태초에 천부의 경經6)을 내려 받아
이를 세상 얼개의 근본으로 삼고
환족桓族 시기이를 다스렸으며
임금 위에 올라
환국을 오래도록 전했으나
그 계승한 후대後代를 알 수가 없느니라.

환국 시대, 어느 환인 치세에
한 아드님이
자주 천하에 뜻을 품고
세상사람 구원하기를 간구하는 고로
아버지 임금께서

아들의 뜻을 알아차리고
서쪽 삼위태백三危太伯[7]과
동쪽 흑수黑水[8]백산白山[9] 사이
그 땅[10]을 내려다보니
그곳이 홍익인간弘益人間[11]
사람들을 널리 따사롭게 북돋을 만하여
곧바로 천부인天符印[12]으로
신물神物[13] 셋을 내려 주고
당부하여 이르기를,
"이제 사람과 물物 업業이 이미 만들어졌으니
아들아, 그대는
하늘을 열고[14] 누리에 내려가
수고로움을 아끼지 말고
하늘의 가르침으로
뭇 사람을 교화敎化하고 다스리어
자손만대 모범이 되게 하라"
명命하고 그 땅으로 내려 보냈느니라.

이에 그 아드님께서 명을 받들어
환족 시지이 무리 3즈믄[15]을 이끌고
성심誠心으로 따르는 신하
풍백風伯[16] 우사雨師[17] 운사雲師[18]를 거느리고
태백산太白山[19] 꼭대기에서
신단수神壇樹[20] 박달나무 아래로 내려와
나뭇가지에 아홉 가닥 검줄[21]을 드리운 뒤

신단수 단壇에 올라 향을 사르고
하늘에 첫 제사를 올린 뒤
이곳을 신시神市22)라 이름 짓고
먼저 자정子井23) 여정女井24) 두 우물을 파고
마침내 여기에 도읍하여
일월지국一月之國25)을 열고
국호를 배달倍達26)로 선포하니
이는 '밝이 땅'
곧 '밝은 사람들의 나라'라는 뜻이니라.

아울러 천지가 낳으시고 일월이 세우신
우리의 꼭지 할아버지!
이때에 우리 시조始祖로서
임금 자리에 오르니
온 누리가 광명을 환하게 발하고
이 분이 우리의 첫 환웅천왕桓雄天王27)
이름도 거룩한 거발환居發桓 환웅이니라.

거발환 환웅께서 개천開天한
이해가 기원전 삼천팔백구십팔 년!
갑자년이었고
천간지지天干地支는 이때부터 시작하였느니라.

그때에 태백산太白山에는
가마득히 먼 옛날부터

수신 곰을 숭배하는 웅족熊族과
산신 영靈을 숭배하는 범족虎族이
서로 다투고 살았는데
그들은 아직 뗀석기를 사용하는
사납고 우매한 족속이었고
웅족에겐 곰의 화신化身28)이 곰
범족에겐 영의 화신이 범29)이었느니라.

거발환 환웅께서 신시에 내려오자
두 족속이 함께
문명인으로 깨치기를 원하여
항상 환웅께 기원하니
이때 천왕께서
신령스러운 쑥 한 다발과
달래30) 스무 알을 주면서 말씀하시기를
"너희가 이것을 먹되,
100일 동안 햇빛을 보지 않고
내가 가르치는 신교神敎31)로 마음을 닦으면
사람의 양심良心32)을 깨치리라"
분부하는지라

웅족과 범족은 이것을 먹으면서
웅족 무리는 3.7일33) 동안
계율을 지키고 마음을 닦아
하늘의 무궁무진 오묘함과

사람의 본성本性을 깨달아서
참 사람의 무리에 들었고
범족 무리는
능히 계율을 지키지 못하여
포악하고 사나운 구습을 버리지 못하니
선업善業의 대열에서 쫓겨났느니라.

여기서 쑥은 다산多産의 명약이요
달래는 혈기血氣와 인내忍耐의 상징이라
환웅천왕은 인내와 마음 수련으로
사람답게 변한 웅족을
환족 시기이와 더불어
백의선민白衣選民34)으로 받아들이고
오훈五訓35)을 백구白口36)하여
배달을 다스렸는데
첫째 하늘을 공경하고 그 가르침을 따르며
둘째 순종으로써 부모에게 어김이 없어야 하고
셋째 서로 믿음으로써 신의가 있어야 하고
넷째 근면에 힘써 게으르지 말아야 하고
다섯째 올바르면서 음란하지 아니 한다
바로 이것이 천범天範37)이니라.

또한 때맞추어 하늘과 땅에
제사 지냄을 가르치니
천제天祭38)는 곰이 뒤받쳐 주는

큰 물 가진 산에서 제사 지내고
지신제地神祭는 흔을 두른 높은 산 아래
언덕에서 교사郊社39) 지내니
오호 동이9족40)의 태동胎動
바야흐로 배달겨레 흔족41)의 원효元曉이니라.

거발환 환웅께서 개천 이래
풍백에게 명을 내려
적과 맹수로부터 사람의 생명을 보호케 하고
우사에게 명하여
질병을 의약과 의술로 고치게 하고
운사에게 명하여
사람의 선악을 구별하여 형벌을 내리게 하고
고시高矢42)를 농부의 우두머리로 삼아
백성에게 불을 일으키는 법과
농토를 만들어
파종하고 추수하는 방법을 가르치어
먹거리를 풍족하게 하고
신지神智 혁덕赫德43)에게 명하여
사슴의 발자국을 본떠
글자44)를 만들게 하여
환족 시기이의 말로 음音을 취하고
웅족의 말로 훈訓을 달으니
글자의 시작은 이때부터 시작하였고
그 첫 쓰임으로 구전 되어오던

천부경天符經을 태백산 석벽에 새겼느니라.

그리고 성조成造45)에게 명하여
사람들에게 터 잡고 집 짓는 법을 가르치고
무릇 인간의 360여 가지 일을 다스리니
재세이화在世理化46),
세상 만물 이치에 따라
뭇 사람들의 배를 채우고 등을 따습게 하니
나라가 태평하고
하늘 아래 솔토지빈率土之濱47)의
동이東夷 78족이 머리를 조아렸느니라.

그 때에 웅족 한 여인이
과년이 되도록 짝할 사람이 없기에
신단수 큰 둥치에
치마를 벗어 폐백幣帛48)으로 받치고
매일 아이 갖기를 축원하니
지성至誠이면 감천感天이라
마침내 환웅께서 신하 주인朱因49)에게 명하여
남녀의 혼인예법을 정하게 하고

그 혼례 예법에 따라
웅녀에게 양가죽으로 납채納采50)한 후
사모관대에 기러기를 품에 안고
견마잡이가 이끄는 황소에 앉아

해질녘 혼가婚家로 행차하매
웅녀는 연지 찍고 곤지 찍고
삼베로 만든 구장복九章服51)을 입고서
두 손 다소곳이 신랑을 맞이하는지라
신랑이 전안奠雁52)한 후
북향을 향하여 재배하고
신랑 신부 맞절로 교배례交拜禮53)를 행하고
합환주合歡酒54)를 마시며
세상을 다할 때까지 합독合櫝55)를 맹세하니
거발환 환웅의 혼례가 시초가 되어
백성의 전안지례奠雁之禮56)가 생겨났느니라.
웅녀께서 천왕후天王后에 오른 뒤
이내 후사後嗣57)을 생산하니 이 아기를
이 아기를 부루夫婁58)로 삼아
'밝이 땅'의 종맥宗脈을 이으니
이후부터 왕후는 대대로
웅족에서 택하는 관습이 이어졌느니라.

거발환 환웅께서
쑥대정자와 버드나무집에 살며
아흔 네 해 '밝이 땅'을 다스리는 동안
신덕神德이 널리 퍼져
백성이 구름 같이 번성함으로
오행五行을 따라 그 족속을
오가五加59)로 나누고

오가마다 할 일을 부여하니

사직社稷60)을 귀히 여겨
농자천하지대본農者天下之大本61)을 삼고
군사를 뽑아 나라를 지키게 하며
형리를 두어 형벌을 주관하고
의원을 양성하여 질병을 다스리며
선악을 구별하여 죄의 경중을 가리니
이는 신시 오사五事62)로서
고조선을 거쳐 부여까지 이르렀느니라.

거발환 환웅이 두 환갑을 넘어
하늘의 부름을 받자
태백산에 올라가 천부인 3개를
조천지朝天池63) 박달나무 아래 남기고
신선이 되어 하늘로 돌아가니
배달겨레는 그 천부인을 받들어
부루 환검신인桓儉神人64)을
새 임금으로 세웠느니라.

아울러 나라 사람들이 거발환 환웅의 생전
하늘같은 은덕을 기리어
양지 바른 국강國岡65)에 장사 지낸 뒤
굄돌 두 개를 세우고
그 위에 덮개돌을 얹어 입묘立墓 하였고

이 일을 시초로 고인돌은
배달의 고유 풍습이 되었고
글자 '세울 립立'도 예서 비롯되었느니라.

우리 동이족의 시원 배달이
달이 차면 기울듯이
부명符命66)이 그친 배달국 말세,
웅족 왕녀의 한 아들이
소도蘇塗67) 아사달阿斯達68)의 단괴리69)이 되어
무진년70) 상달71) 초3일에
오가의 우두머리를 거느리고
나라 사람들의 추대를 받아
배달 신시 마지막 환웅천왕
거불단居弗檀72)에게
용상龍床73)을 선양禪讓74)받고
환구단圜丘壇75)에서 임금 자리에 오르니
이분이 단군왕검이라
새로이 아사달에 도읍하고
일월지국의 맥을 이어
조선朝鮮76)을 개국하니
옛 우리말로 '아㐊선'
아으, 아침 해를 바라보는 나라로구나!
후세 사람들은 이를 두고
개벽開闢77)이라 일렀느니라.

단군왕검이 임금에 오른 후
조정朝廷78)에 나아가 첫 조칙詔勅79)을 내리어
팽우彭虞80)에게 토지를 개척하고
터를 닦아 궁실을 짓게 하며
혁덕의 후손에게
녹도문자를 개량하여 한자韓字81)만들게 하고
기성奇省82)에게 의약과 의술을 베풀게 하고
나을那乙83)에게 호적과 형벌을 관리토록 하고
우작尤作84)에게 병마를 굳세게 하니
홍익인간과 재세이화는 더욱 높아졌느니라.

또한 더불어 임금 된 이의
만세萬世 홍범弘範85)을 세우니
그 아홉 가지는 다음과 같으니라
첫째 오행五行86)으로 세간의 본을 만들고
둘째 오관五官87)의 일로 사람을 공경하고
셋째 팔정八政88)을 농사의 밑거름으로 쓰고
넷째 오기五紀89)를 살펴 나라 일을 도모하고
다섯째 황극皇極90)을 세워
임금의 언행과 덕이 빛나게 하고
여섯째 삼덕三德91)으로 백성을 다스리고
일곱째 계의誡疑92)에 따라 일을 미리 살피고
여덟째 서징庶徵93)으로 매사를 살피고
아홉째 오복五福94)을 받들고
육극六極95)을 피하는 것이니라.

아침 해가 떠오르자
배달 신시는 저물고
거불환 환웅부터 18대를 전하니
그 역년이 1,565년이고
배달국 마감이 거불단 환웅이니라.

---

1) 아르따 : '아름다운 땅'이란 뜻으로 '아르'는 우리말 '아름답다'의 어원이고, '따'는 땅의 어원이다. 그런데 '아르따'는 메소포타미아의 수메르인이 항상 그리워하였던 고향 땅이기도 하다.

2) 빗살무늬토기 : 선사시대 유물로 만주와 한반도에서 많이 출토된다. 밑바닥이 뾰족하고 표면에 청어 뼈(헤링본) 모양의 빗살무늬가 새겨져 있다. 끝이 뾰족한 것은 불이 토기의 밑과 옆면에 골고루 닿게 함이다. 즉 선사시대에는 풀무가 없어서 약 400도에서 토기를 굽게 됨으로 바닥이 평평하면 불이 골고루 닿지 않아 밑면이 쉽게 깨지기 때문이다. 또 다른 이유는 땅을 파고 그 속에 토지를 꽂아 놓으면 땅이 천연냉장고 역할을 하여 토기에 담아놓은 음식이 오래도록 상하지 않기 때문이다. 그리고 빗살무늬를 새긴 것은 토기의 접착력과 강도를 높여 토기를 오래 쓰기 위함이었을 것이다.

3) 시기이 : 「시+기+이」에서 비롯된 말로 '새개이'로 읽는다. 이 말은 '동이 트는 하늘에서 온 사람'이라는 뜻으로 천손족을 의미한다. '시'는 동트는 쪽을, '기'는 하늘을, '이'는 사람을 뜻한다.

4) 환국(桓國) : 현재 삼국유사는 「옛날에 환인이 있었다 (석유환인, 昔有桓因)」으로 첫 문장이 시작된다. 또 일연스님은 삼국유사에서 「환인은 제석을 가리킨다」라고 주석을 달고 있다. 지금의 강단사학자들은 일연 스님의 주석에 힘입어 이 문장을 "옛날에 환인이 있었다"로 고착화시켰다. 그러나 원본 삼국유사에는 「옛날에 환국이 있었다(석유환국, 昔有桓國)」으로 기록되어 있었다. 이것이 구한말 일본 동경제국대가 우리의 삼국유사 원본을 가져다가 환국(桓國)를 환인(桓因)으로 바꾸어 삼국유사를 재발행 하였고, 이것이 일제강점기 이후 유통되어 오늘날 정본처럼 취급되고 있다. 석유환국에서 '국(國)' 자를 '인(因)'으로 바꾸어 표기하면 그 뜻이 하늘과 땅 차이인데, '국' 자를 쓰면 개천(개국) 사실이 역사로 취급 되지만 '인' 자를 쓰면 신화로 취급된다. 또한 환인은 불교의 33대천 지배자, 제석천의 다른 이름이므로 우리민족이 불교에 의하여 개천(개국) 하였음을 뜻하게 된다. 역사학계는 지금이라도 「옛날에 환국이 있었다(석유환국,昔有桓國)」으로 고쳐야 마땅하다. 환(桓) 자를 파자하면 나무 목(木)에 구할 선(亘)으로 "해가 나무에 걸친 아침"을 본뜬 글자로서 우리말 '환하다'를 표기한 글자이다. 그러므로 환국(桓國)은 우리말 '환한 나라'의 이두표기이다.

5) 환인(桓因) : 옛 우리말로 '훈인'인데 이것은 두 가지 해석이 가능하다. 첫째 '환국의 인'으로 해석하는 것이다. 이 경우 '인'은 칸(kan)과 같은 의미이므로 '환인'은 환국의 임금 호칭이 된다. 둘째 환인(桓因)을 우리말 '훈인'의 음차로 보고 '훈'을 천신(天神)으로, '인'을 근원(根源)을 뜻하는 말로 해석하는 것이다. 이 경우 '훈인'은 우주의 근원(根源)인 일신(一神)을 뜻한다. 필자가 생각하기에, 환인(桓因)은 「환국의 임금」

뜻과 「우주의 근원(根源)인 일신(一神)」의 뜻 모두를 내포하는 심오한 말이다. 또 필자는 '하느님'이란 말이 'ᄒᆞᆫ인'에서 나왔다고 본다. 'ᄒᆞᆫ인'에 존칭어미 '님'을 붙인 'ᄒᆞᆫ인님'이 「ᄒᆞᆫ인님>ᄒᆞ닌님>ᄒᆞ니님>ᄒᆞ느님」으로 변한 것으로 본다.(자음충돌이 일어나면 자음 하나는 탈락함)

그런데 불교적 관점에서 본다면, 환인은 불교의 수호신으로 고대 인도의 신인 인드라(Indra)를 수용한 것이다. 즉 석제환인은 수미산 둘레에 있는32천과 그 정상에 있는 하늘인 도리천의 주인으로서, 수미산 중턱의 사천왕을 거느리고 불법과 불제자를 보호하는 우두머리 신이다.(법화경에서 인용) 그러므로 일연스님은 불교적 관점에서, 환국의 환인을 불교의 33천의 지배자로 본 것이다. 일연스님 입장에서 보면 당연한 귀결이지만 안정복 선생은 역작 동사강목에서 "우리 민족의 시원인 환국까지 불교로 오염시킨 것은 삼국유사의 가장 큰 오류이다"라고 지적하고 있다.

6) 천부의 경 : 천부경(天符經)을 말한다. 우리나라 고유의 경전으로서 1부터 10까지 숫자로 우주의 원리를 나타내고 있는데, 아직 완전한 해독은 존재하지 않는다. 그 원문을 소개하면 다음과 같다.

天符經(八十一字)
一始無始一 析三極無盡本
天一一 地一二 人一三
一積十鉅 無匱化三
天二三 地二三 人二三
大三合六生七八九
運三四成環五七
一妙衍萬往萬來 用變不動本
本心本太陽昂明 人中天地一
一終無終一

7) 삼위태백(三危太伯) : 통설로 삼위는 중국 감숙성 돈황현의 삼위산을 말하고, 태백을 백두산으로 본다. 하지만 필자는 통설을 받아들이지 않는다. 옛말에서 '삼'은 '실'과 통하므로 삼위는 실위(悉危)로 볼 수 있다.(예컨대 삼척의 옛 이름이 '실직'이다) 필자는 삼위 즉 실위를 바이칼의 동남쪽, 대흥안령의 서쪽으로 지금의 내몽고 평원으로 본다. 여기서 6세기 무렵 동호족의 일파인 실위족이 기원했는데, 실위족은 이 지역 이름인 삼위(실위)를 부족이름으로 삼은 것으로 본다. 다음 태백(太伯)을 이두로 보아 우리말로 해석하면 '아리맏'가 된다. 즉 필자는 '크다'의 옛말은 '아리'이므로 한자 '클 태(太)'의 훈을 빌려서 '아리'를 차자표기(훈차)한 것으로 보고, 한자 '맏 백(白)'의 훈을 빌려서 우리말 '맏(으뜸)'을 차자표기(훈차)한 것으로 본다. 그러므로 필자는 태백(太伯, 아리맏)의 위치를 중국 하북성 태행산맥(太行山脈) 일대로 본다.

8) 흑수(黑水) : 오늘날 북만주의 흑룡강으로 만주어로는 아무르강이다.

9) 백산(白山) : 백산은 '흰 산'이다. '희다'의 옛말은 '(부)시다'이고 이것은 너무 밝아서 눈부신 것을 뜻한다. 이 기록의 백산은 백두산을 말한다.

10) 그 땅 : 삼위태백과 흑수백산 사이 땅은 우리의 시원 거발환 환웅께서 개천한 배달의 강역을 의미하는 것이다. 배달국의 지경을 사각형으로 보았을 때 서쪽 상단이 삼위이고 서쪽 하단이 태행산맥이며, 동쪽 상단이 흑수이고, 동쪽 하단이 백산(백두산)이다. 이 사이에 대평원과 난하, 요하, 눈강(넌강), 송화강, 목단강(무단강)이 있는데, 난하와 요하는 발해만으로, 넌강과 송화강, 목단강은 중·러 국경 근처에서 흑룡강(아무르강)과 합쳐져 캄차카만으로 흐른다. 한 마디로 배달의 국토는 한반도를 포함하여 아래와 같이 중국

북부와 만주 일대를 아우르는 드넓은 땅이다.

삼위(내몽고평원)　　　　　　　　　흑수(아무르)

배달의 강역

태백(중국 태행산맥 일대)　　　　　　백두산

---

11) 홍익인간(弘益人間) : 「널리 사람을 따사롭고 이롭게 한다」는 배달의 개천(개국)이념으로서 수천 년 동안 우리민족의 국시(國是)였고, 지금도 대한민국의 국시이다.

12) 천부인(天符印) : 하늘이 (어떤 성인을) 임금으로 인증하는 징표나 물건을 말한다.

13) 신물(神物) : 상고시대 하늘이 임금이 될 사람을 인증하기 위하여 내려주는 물건이라는 뜻이다. 즉 이것은 상고시대 제사장과 통치자의 권위를 나타내는 상징물로서 예컨대 신석기시대에는 부싯돌(flint), 간돌검, 옥구슬(玉; 상형 자체가 '임금이 지니는 천부인'을 뜻함)로 추정하고, 청동기시대에는 비파형동검, 잔무늬거울, 방울로 추정한다. 현재 이 유물들은 요서, 요동, 한반도에서 대부분 출토되고 있다.

14) 하늘을 열고 : 한자어로 개천(開天)이다. 임승국 교수는 개천의 개(開) 자를 제(祭)와 동일한 뜻으로 보아 제천(祭天)으로 보았다. 하지만 필자는 이 견해에 동의할 수 없다. 우리나라에서 '나라를 열다(開國)'에 대하여 배달 신시에는 개천(開天)이란 용어를 쓰고, 고조선에는 개국(開國)이란 용어를 쓰고, 그 다음 고구려·백제·신라·가야 등에는 건국(建國)이나 창업이라는 용어를 쓴다. 개천은 오로지 우리민족이 하늘에서 내려와 첫 나라를 세운 것을 의미하는 말이다. 그러므로 단군왕검이 배달을 이어 새로 고조선을 건

국하였어도 개천이란 말을 쓸 수 없다. 이에 필자는 단군왕검의 고조선 건국에 대하여 개천이라는 말 대신에 '개국(開國)'이라는 용어를 쓴다. 그리고 배달과 고조선 이후 어떤 영웅이 어떤 나라를 건국한 경우 그것은 우리나라 국통과는 관계가 없는 한 씨족이나 부족의 나라 세움에 불과하다. 그러므로 여기에 개천이나 개국이란 용어는 더욱이 쓸 수 없을 것이다. 따라서 개천은 우리민족에게 단 하나 밖에 없는 고유명사이고, 개국 역시 우리민족이 한(韓)족의 정체성을 확립한 후 새로운 나라 고조선을 열은 것이므로 이 역시 우리에게 단 하나 밖에 없는 고유한 용어이다. 그러므로 개천과 개국이란 용어는 우리민족의 신성한 낱말로써 함부로 사용해서는 아니 된다.

15) 즈믄 : 옛 우리말 양수사로 1,000을 뜻한다.

16) 풍백(風伯) : 거발환 환웅을 보좌하던 직책으로 우리말로 '바람막이' 즉 나라의 모든 재난을 막는 사람을 뜻한다. 조선시대 영의정에 해당하는 벼슬로 비정한다.

17) 우사(雨師) : 거발환 환웅을 보좌하던 직책으로 우리말로 '비스>비수'이다. '스'는 우리말로 선생 또는 지혜로운 사람이라는 뜻으로 '비수'는 비·우뢰를 관장하는 사람으로 비정한다.

18) 운사(雲師) : 거발환 환웅을 보좌하던 직책으로 우리말로 '구르스>구르수'이다.

19) 태백산(太白山) : 옛 우리말 '아리밝이뫼>아리박이뫼'의 차자표기이다. 일연스님은 태백산(太白山) 곧 '아리밝이뫼'를 묘향산으로 비정했고, 역사학자들은 대부분 백두산으로 비정했다. 이것은 배달국의 동쪽 지경을 말하는 흑수백산(黑水白山)과 태백산(太白山)을 같은 산으로 혼동하였기에 나타난 결과이다. 흑수백산에서 백산은 분명 백두산을 말하지만, 필자가 생

각하기에 태백산은 묘향산도 백두산도 아니라고 본
다. 그렇다면 태백산은 어디에 있었을까? 필자가 생
각하기에, 태백산은 한반도에 있지 않았다. 태백산을
백두산이나 묘향산으로 보면 이곳 아래 신시가 있었
다는 것인데, 필자는 백두산이나 묘향산에 신시가 있
었다는 옛 기록을 본 적이 없다. 또한 태백산이 한반
도에 있었다면 - 즉 태백산을 백두산이나 묘향산으로
본다면 사마천의「사기」에 기록된 배달국의 치우천왕
(재위 BC.2707~BC.2598년)이 한반도에서 3천리나
떨어진 중국 탁록 땅까지 진군하여 중국 황제 헌원과
전쟁할 수 없다. 이것은 상고시대 상황으로 볼 때 논
리적으로 맞지 않는다. 하지만 태백산을 중국 태행산
맥의 백석산으로 보면 탁록에서 동이족 치우천왕과
중국 황제 헌원의 전쟁이 가능하다. 백석산은 탁록에
서 불과 몇 백리의 거리에 있기 때문이다. 또 백석산
아래 중국 요령성 적봉시 일대는 현재 홍산문화유적
이 발견된 곳이다. 그러므로 필자는 태백산 곧 '아리
밝이뫼'를 중국 하북성 태행산맥의 맏머리에 있는 지
금의 백석산(해발 2,096m)으로 본다. 즉 백석산 아
래가 신시이며 이곳이 거발환 환웅께서 배달을 개천
한 곳이다. 백석산의 옛 이름은 백악산(白岳山)인데,
태백산(太白山)에서 접두어 태(太)를 떼어내면 옛 우
리말은 '밝이뫼'이고 백산(白山)과 백악(白岳)은 모두
'밝이뫼'의 차자표기로 같은 뜻이다. 삼국유사를 지은
일연스님의 공은 감히 흠집 낼 수 없지만 스님이 태
백산을 묘향산으로 비정함으로써 우리민족은 한 순간
에 3천리 땅을 잃었다. 일연스님의 이 기록만은 애석
하기 그지없다.

20) 신단수(神壇樹) : 한역하면 '신령스런 박달나무'를 뜻
하지만, 속뜻은 '신령스런 나무의 아래에 마련된 단'
으로 이것은 하늘과 사람을 연결하는 가장 성스러운
접신(接神)의 원형을 상징하는 것이다. 즉 신단수는

제사장이 천신과 지신을 접신하는 장소였다. 신단수는 후에 환구단과 황궁우로 발전하였고, 고조선, 부여, 고구려, 백제, 신라, 가야, 대한제국 심지어 여진족의 청까지 이를 본받아 하늘과 땅에 제사 지내는 환구단과 황궁우를 그 도읍에 설치하였다. 예컨대 백제의 한산(칸산, 왕의 산이라는 뜻)도 신시의 유습인데, 왕이 하늘과 땅에 제사 지내는 산을 뜻한다. 한산은 왕권의 신수와 관련되어 있으므로 아무 산이나 정하는 것이 아니고 반드시 4령(용·봉황·기린·거북이) 중 거북이 형상이어야 한다. 왜냐하면 우리민족은 거북을 땅의 화신으로 믿었는바 거북등을 가진 산에서 제사 지내야 하늘과 땅이 융합된다고 믿었기 때문이다. 한편 지금의 북한산과 남한산(성)은 백제의 한산이 아니다. 백제시대 한산은 하북 위례성일 때에는 아차산이었고, 하남 위례성일 때에는 이성산이었다. 이성산은 풍수적으로도 금구입수형(金龜入水形)의 명당 즉 거북이가 한강물로 들어가는 형상이다. 아차산과 이성산 두 산 모두 거북이 형태(구지봉, 龜旨峯)인데 하남 이성산에는 지금도 그 정상에 9각 건물과 8각 건물의 주춧돌이 있다. 하늘을 숫자 9로 보는 것은 구천사상(九天思想)이다. 동쪽에 있는 9각 건물은 9가 하늘을 뜻하는 숫자임을 볼 때 하늘에 제사 지내던 환구단일 것이이다. 서쪽에 있는 8각 건물은 환구단과 한 짝인 황궁우로서 이 건물은 황천상제인 지신과 달神, 북두칠성神 등 그 위패를 봉안하는 곳으로 출입구를 제외한 각 면마다 7신의 위패를 모신다. 우리는 이성산 정상에 있는 9각 건물과 8각 건물의 주춧돌을 근거로 사대주의에 물들지 않은 우리 민족 고유의 제천의식을 알 수 있다. 백제의 이성산 제천제는 한성시대까지 행해진 것으로 보인다. 여기에 우리 민족의 시원인 신시시대의 혼과 얼이 숨어 있다.

21) 검줄(劍줄) : 제사장이 하늘로부터 천기를 받는 접선

곧 안테나를 뜻한다. 아홉 개를 드리우는 까닭은 옛 사람들이 '하늘이 아홉 개'라는 구천사상을 믿었기 때문이다. 배달 이후 고조선, 삼한, 삼국 시대에 이르러 「신단수와 검줄 아홉, 신단」은 환구단 건축양식으로 변하였는데, 환구단은 임금이 하늘에 제사 드리기 위해 돌이나 흙으로 쌓은 단(壇)에 세우는 건물로서 9각이되 지붕은 원추형인 건물을 말한다. 9각으로 세우는 이유는 '검줄 아홉 개'에서 비롯된 것이다. 아홉 계단도 신시의 신단수에서 비롯된 것이다. 또 '검줄'은 '잇검'이 임금으로 변하듯이 오늘날 금줄로 변했는데, 검(금)줄은 신성구역의 경계를 알리고 그곳에 출입을 금하는 역할을 한다. 금줄은 함경도·평안도·황해도에서는 세로로 드리우고, 한강 이남은 가로로 친다 (손진태 교수의 견해 인용).

22) 신시(神市) : 배달의 첫 도읍지로 '눈부신 도시'라는 뜻이다. 필자가 생각하기에, 신(神) 자를 파자하면 「禾(보다;얼굴의 눈을 본뜬 상형자)+曰(하늘 가운데)+丿(흐르는 별;유성) = 神」이므로 이것은 「하늘에서 흐르는 (눈부)신 별(유성)을 본다」의 뜻이다. 필자는 이 글자의 음도 '(눈부)시다'에서 비롯된 것으로 추정한다. 고대인은 밤하늘에 눈부시게 흐르는 유성을 우주에 거하는 일신(흔)의 발현으로 보았을 것이다. 시(市)는 언덕을 뜻하는 글자이다. 그러므로 신시는 우리말로 '우주의 일신(흔)이 발현하는 눈부신 언덕'의 뜻으로 임금과 제사장이 거주하는 도시이다. 거발환 환웅이 하늘에서 내려온 태백산을 태항산맥의 백석산 (옛 백악산)으로 본다면 신시는 이곳에서 멀지 않은 곳이다. 그런데 지금 중국 랴오닝성 서북부 적봉시 일대에서 홍산문화(紅山文化, BC. 4500~BC. 3000년)과 능원시 일대에서 우하량문화(BC. 3000~BC. 2000) 유적이 발견되었다. 이 문화유적은 바로 우리 배달이 이곳에 존재하였음을 입증하는 것이다.

23) 자정(子井) : '아우물'의 이두 표기인데, '아'는 '크다'는 뜻이므로 '큰 우물'이라는 뜻이다. '아우물'을 훈음사와 훈차를 이용하여 차자표기하면 자정(子井)이 된다. 큰 우물이므로 마을 사람들이 허드레로 사용하는 우물이다. 경상도에서 '아우물'을 '에정지'라 불렀다. (필자 견해)

24) 여정(女井) : '겨우물'의 이두 표기인데, 집안에 있는 우물을 말한다. '겨우물'을 훈음사와 훈차를 이용하여 차자표기하면 여정(女井)이 된다. '겨우물'은 수맥이 있는 곳을 파서 만든 용천수 우물로 가뭄에도 물이 마르지 않으며 식수로만 사용하는 우물이다.(필자 견해)

25) 일월지국(日月之國): 낮에는 햇빛이 비추고 밤에는 달빛이 비추는 밝은 나라, 한자로 '밝을 명(明)'을 말한다.

26) 배달(倍達) : 이것은 우리말로 '밝은 이의 땅'이란 뜻인데, 「밝은+이(사람)+땅 = 밝이 땅」을 한자로 음차 표기한 것이다. 한자 '북돋을 배(倍)'의 상고한어음이 '박이'이므로 그 음을 빌려서 우리말 '밝은 이'를 음차하고, 한자 '두루 달(達)'의 음을 빌려서 땅의 옛말 '따ㄹ'을 음차 표기한 것이다. 또 '밝은 이'는 한자 백(白)으로 음차하기도 하는데, 배(倍)와 백(白) 자의 중국 상고한어음이 '박이'였기 때문이다. 그러므로 배달(倍達)과 백달(白達)은 모두 우리말 '밝이 땅'으로 새긴다. 또한 지금도 '땅' 자가 들어간 나라 이름(키르키스탄, 우즈베키스탄, 타지키스탄, 카자흐스탄, 요르단, 부탄 등)이 많은데 '따ㄹ'가 그 어원이다.

27) 환웅천왕(桓雄天王) : 배달국 임금에 대한 호칭이다.

28) 화신(化身, 영어: incarnation) : 종교·신화·전설 등에서 초월적인 존재가 인간·천신 등의 몸으로 탄생하거나 출현하는 것을 말한다. '화신(化身)'은 한자 그대로 「몸으로 되다, 몸으로 변하다, 몸을 가지다」의

뜻이며 사전적 뜻으로는 어떤 추상적인 특질 또는 성격이 구체적인 형상을 가지게 된 것을 뜻한다.(위키백과에서 인용)

29) 범 : 범은 만주어 비렴(birem)에서 비롯된 말이고 한자 호(虎)로 표기한다. 호랑이는 순수한 우리말이 아니고 한자 호(虎)에서 온 말이다. 범이 올바른 우리말이다.

30) 달래 : 마늘은 BC.121년 중국에 유입되었고, 삼국사기에 마늘농사를 장려했다는 기록으로 보아 중국과 같은 시기에 한반도에 들어온 것으로 봄이 타당하다. 따라서 삼국유사 고조선의 기록에서 '달래 산(蒜)'을 오늘날의 마늘로 번역함은 오류이다. 필자는 달래 또는 무룻이 마땅하다고 본다.

31) 신교(神敎) : 주석 20)에서 설명한바와 같이 신(神)은 「하늘에서 (눈부)신 별이 내리꽂히는 것을 본다」는 것을 형상화란 글자로 '우주의 일신(흔)의 발현'을 뜻한다. 따라서 신교는 거발환 환웅이 터득한 「우주의 일신(흔)의 신령스런 가르침」을 말하며 이를 4자성어로 요약하면 경천애인(敬天愛人)이다. 북애자자의 규원사화와 계연수의 환단고기를 참고하였다.

32) 양심(良心) : 한역하면 '어진 마음'인데 네이버 사전에 의하면, 사물의 가치를 변별하고 자기의 행위에 대하여 옳고 그름과 선과 악의 판단을 내리는 도덕적 의식(conscience)을 말한다.

33) 3.7일 : 3×7 = 21일, 날짐승의 부화기간으로 생명을 받는 신성한 기간이다. 옛날 아이를 낳으면 산모집에 3·7일 동안 금줄을 쳐서 타인의 출입을 금했다.

34) 백의선민(白衣選民) : 백(白) 자의 훈은 '희다'이다. '희다'는 본디 '시다'에서 온 말이다. 그런데 (눈이) '

시다'를 뜻하는 글자가 또 있다. 바로 신(神)이다. 신(神)은 '시다'에서 훈과 음이 기원한 글자이다. 그러므로 한자 백(白)과 신(神)은 그 뜻이 서로 통한다. 또 삼원색인 빨간빛(red), 초록빛(reen), 파란빛(blue)을 합하면 눈부신 백색이 나오므로 신(神·시다)에 해당한다. 그러므로 백의(白衣)는 '신(神)의 옷'을 의미하고, 우리민족은 하늘(흔)에게 점지된 백성이라는 믿음이 있었기에 흰옷을 즐겨 입었다.

35) 오훈(五訓) : 경(敬), 효(孝), 신(信), 근(勤), 의(義) 다섯 가지 가르침을 말한다.

36) 백구(白口) : 상고시대, 왕의 관리가 백성에게 어떤 영(令), 율(律), 포고, 판결 등을 말로 두루(널리) 알리는 것을 말한다. 글로 알리는 것은 백서라 한다. 고려 초기에 국가문서에 관한 일을 맡아보던 중앙기관으로 '백서성(白書省)'이 있었다.

37) 천범(天範) : 하늘이 내려준 가르침을 말한다.

38) 천제(天祭) : 하늘에 대한 제사이다. 이 제사는 바다 또는 연못가에 있는 산의 꼭대기에서 제례한다. 왜냐하면 바다나 연못은 굼이 거하는 곳이므로 흔을 뒷받침하기 때문이다. 그래서 옛날에는 강화도 마니산 참성단과 백두산 천지에서 하늘에 제사 지냈고 거기에서 태양열로 불을 채집하였다. 마니산 참성단은 방(方·네모)과 원(圓)으로 되어 있는데 네모는 땅을 의미하고 동그라미는 하늘을 뜻한다. 이를 천원지방(天圓地方)이라 한다. 중국도 이 제사를 지내는데 이것을 봉(封)이라 한다.

39) 교사(郊祀) : 들녘에서 지내는 제사를 '교사'라 한다. 교사는 배달에서 시작되어 고조선, 부여·고구려를 거쳐 고려·조선까지 행해졌다. 동지의 남교사와 하지의 북교사가 있었다. 또 교사는 은나라로 전해졌

고, 나중에 이 제사는 중국에서 선(禪)이란 이름을 얻고 봉선제(封禪祭)로 불리게 된다. 한편 우리나라에는 노고산이란 산이름이 많은데 이 산들은 모두 임금이나 지방관이 지신 '곰'에게 제사 지내던 곳이다. 한편 교사의 제사상에는 반드시 돼지머리가 올라간다. 아울러 교사에 쓰일 돼지는 관리를 두어 따로 티 없이 깨끗하게 길렀는데 이를 교시(郊豕)라고 하였다. 지금도 고사 제상에는 반드시 돼지머리가 올라가는데, 이는 한민족의 고유한 제사 유풍이다. 전설에 의하면, 돼지는 본래 천계의 칠성좌에 살던 영물이었는데 천도복숭아를 놓고 다투다가(또는 얼굴이 검다하여) 용에게 미움을 받아 천계에서 땅으로 추방되었다. 그래서 돼지는 천계에 살았던 짐승이라는 걸 증명하기 위해 돼지 뒷다리에 북두칠성과 같은 점 일곱 개를 표시하고 있다고 한다.(이규태 '한국인의 민속문화' 권1에서 인용) 이런 이유에서 우리 선조들은 천지신명에게 고사 지낼 때 고사의 소원을 신에게 매개하는 희생 동물로 돼지를 선택하였다. 이것은 일종의 칠성신앙이다.

40) 동이9족(東夷9族) : 부여, 고구려, 백제, 신라, 가야, 읍루, 동예, 옥저, 왜 등을 말하는데, 이는 진수의 삼국지 위지 동이전을 따른 것이다. 이들 모두 제천하는 나라들이다.

41) 흔족(韓族) : 한자 한(韓)을 파자하면, 「+日+韋」가 되고 좀 더 파자하면 「+日+五+口+午」가 된다. 이것은 고조선의 한자 문장으로 보이는데 해(日)가 허공(口)을 걸어서(五와 午는 발자국임) 도는 것을 뜻한다. 즉 한(韓)은 「해가 떠 있는 하늘」을 뜻하는 글자이다. 그래서 한자의 음도 '흔'이다. 우리민족이 상고시대 이미 스스로 한(韓)이라 부른 것은 우리의 정체성이 천손이고 하늘에 제사 지내는 민족임을 대외에

나타낸 것이다.

42) 고시(高矢) : 거발환 환웅의 신하로 농사를 관장하던 지혜로운 사람이다. 옛날 우리 민족이 음식을 먹기 전에 행하던 고시레 풍습은 배달에서 곡식과 토지를 관장하던 고시를 기리는 의식이다. 나중에 '밝이 땅'에서 동남쪽으로 내려가 한반도 삼한(三韓)의 조상이 되었다. 북애자의 규원사화 「태시기」를 참고하였다.

43) 신지 혁덕(神誌 赫德) : 한자 신지는 「神+言+士+心」으로 분해할 수 있다. 이것은 「'우주의 일신(흔 · 神)의 뜻을 말(言)로 나랏일 하는 사람(士)의 마음(心)에 전하는 사람」이란 뜻이다. 옛 우리말로는 '신에 관한 일을 사람'이란 뜻으로 '쉰지'라 불렸을 것이다. 옛 우리말에서 '지'는 사람을 뜻하는 말이다. 따라서 '쉰지'는 하늘의 별자리를 살피고 복골을 쳐서 신의 뜻을 알리는 천문관 복사를 겸하는 직책이었을 것이다. 신지는 신지선인(神誌仙人)이라고도 하는데 필자가 생각하기에, 신지(神誌)와 선인(仙人)은 옛 우리말 '쉰지'에 대한 이두로서 한자가 다른 차자표기일 것이다. 즉 신지는 '쉰지'를 한자 神과 誌의 음을 빌려서 음차 표기한 것이고, 선인은 '쉰지'를 '쉰'은 仙으로 음차하고 '지'는 '사람 人'으로 훈차 표기한 것이다. 신지가 천문과 복사에 관한 일을 수행하던 곳은 소도 곧 '되살터'였고, 이들은 여기에서 하늘을 살피고 복사에 관한 일을 수행하였을 것이다. 고조선시대 신지 발리가 지은 「신지비사」가 고구려 때까지 전해졌다고 하나 지금은 유실되어 없다.

필자가 생각하기에, 신지는 처음에는 신의 뜻을 전함에 있어 백구 즉 말로 전하였을 것이다. 그러다가 거발환 환웅은 신의 뜻을 구체적으로 기록할 필요성을 느꼈을 것으로 추정된다. 이에 당시 신지의 직책에 있던 혁덕에게 글자를 만들도록 명하였고, 혁덕은 사슴의 발자국을 본떠서 녹도문자(鹿圖文字)를 만들었다. 혁덕은 이 녹도문자를 만들자 그 첫 번째 기록으로 천부경을 기록하였다고 전한다. 이 내용은 계연수 선생의 환단고기「태백일사」「소도경전본훈」을 참고하였다.

44) 글자 : 녹도문자(鹿圖文字)를 말한다. 사슴의 발자국을 보고 만든 상형문자로서 글자(韓字)의 원조에 해당하는 글자이다. 한자 '새길 계(栔)'의 본디 글자는 '새길 글(栔)'이다. 이 글자의 본디 음이 '글'임을 뒷받침하는 문헌이 있다. 수나라 때(601년) 육법언(陸法言)이 편찬한 일종의 발음사전인「절운(切韻)」이 있다. 이 책에 '계(栔)'는 '기흘절(欺訖切)로 발음한다'고 되어 있다. 이것은 기(欺)에서 성모(자음) 'ㄱ'을 취하고, 흘(訖)에서 첫 음을 뺀 운모(모음) '을'을 취하여 발음한다는 것이다. 이것은 곧 'ㄱ +을 = 글'이다. 따라서 한자 '글(栔)'자만 보더라도 지금의 한자는 환족(桓族)이 만든 것임을 알 수 있다. 한자 '글 글(栔)'을 만든 사람들이 환족인데, 누가 감히 한자를 자기들이 만들었다고 주장하는가? 남의 것을 빼앗기 좋아하는 중국인인가? 한편 예로 평북 연변군 묘향산의 비석에서 녹도문자가 발견되었으나 아직 그것을 해독하지 못하고 있다고 한다.

45) 성조(成造) : 거발환 환웅을 보좌하던 오늘날 건설부 장관직으로 비정한다. 현재 집이나 건물을 수호하는 가신(家神)이 되었는데, 성조신(成造神)은 신시시대의 궁실과 가옥을 주관하던 성조에서 비롯된 것이다.

46) 재세이화(在世理化) : 환단고기「삼성기전」, 삼국유사「고조선 단군왕검」에 나오는 우리민족의 두 번째 국시(國是, 나라의 모토)로서「세상에 존재하는 이치로 백성을 다스리고 교화 시킨다」는 뜻이다.

47) 솔토지빈(率土之濱) : '하늘 아래 거느리는 땅과 그 해안'이라는 뜻으로 나라의 지경을 의미한다.(시경 소아복산 편, 普天之下率土之濱),

48) 폐백(幣帛) : 폐(幣)는 '선물로 서로 주고받는 예'이고, 백(帛)은 훈독으로 '비단'이지만 귀한 물건을 의미한다. 그러므로 폐백(幣帛)은 「신에게 귀한 물건(예컨대 비단 등 성물)을 받침」을 뜻한다. 이것은 신(神)의 덕(德)을 기리는 행위로서 배달에서 시작되었다. 옛날 성황당에 오색실이나 옷감을 거는 행위는 이의 유습이다. 나중에 폐백은 신(神)에 대한 폐백뿐만 아니라 스승과 부모에게 예를 올리는 것으로 확대되었다.

49) 주인(朱因) : 거발환 환웅의 신하로 환웅의 명을 받아 남녀의 혼인 예법을 정한 사람이다. 그러므로 옛날에는 혼인을 중매하는 사람을 '주인'이라 했는데, 이 말은 여기에서 비롯된 말이다. 북애자의 규원사화 「태시기」를 참고하였다.

50) 납채(納采) : 신랑 집에서 중매인에게 혼인하고자 하는뜻을 신부 집에 전달하게 하여 여자 집에서 이를 허락하면 그 뒤에 사람을 시켜 그 혼사를 받아들일 것을 청하는 의식을 행하는데, 이것이 납채(청혼)의 시작이다. 이 때 남자 집에서는 기러기를 예물로 사용하기도 하였는데, 그것은 기러기가 음양을 따라 내왕한다는 점에서 그 뜻을 취한 것이라고 한다.(한국민족문화대백과사전에서 인용)

51) 구장복(九章服) : 용·범·학·사슴·원숭이·산(山)·화(火불)화·충(華蟲)·제사에 쓰는 술그릇(宗彝) 등 아홉 무늬를 수놓은 대례복이다. 임금이 왕위에 오를 때, 종묘 제례, 정초의 하례식, 비(妃)를 맞을 때 등의 의식에서 입었다. 서민은 혼례식에서만 입을 수 있었다.

52) 전안(奠雁) : 우리의 전통 혼례 때 신랑이 신부집에 기러기를 가지고 가서 상위에 놓고 절하는 예(禮). 산 기러기를 쓰기도 하지만 흔히 나무로 깎아 만든 것을 쓰기도 한다.(두산지식백과에서 인용)

53) 교배례(交拜禮) : 신랑신부가 혼례식에서 처음으로 절하는 예식이다. 신부가 먼저 하님(도우미)의 부축을 받아 신랑에게 큰절 3번 반절 1번을 행하고, 이때 신랑은 무릎을 꿇고 앉아서 받는다. 다음에 신랑이 신부에게 큰절 2번 반절 1번 배례를 하고, 신부도 무릎을 꿇고 앉아서 절을 받는다. 교배례가 끝나면 잔을 주고받는 합근례에 들어간다.(두산백과에서 인용)

54) 합환주(合歡酒) : 합근례를 치를 때, 신랑은 무릎을 꿇고 하님이 청실·홍실을 드리운 술잔에 술을 따르고 신부는 앉은 상태에서 허리를 굽혀 읍례(揖禮)한다. 하님이 이 잔을 1번은 대례 상 왼쪽으로, 1번은 오른쪽으로, 또 1번은 대례상 위로 신랑에게 보내면 신랑은 그때마다 입에 대었다가(조금씩 마셔도 좋다) 다시 신부 쪽으로 보내고 마지막으로 퇴주한다. 이때의 술을 합환주(合歡酒)라 하며, 합근례가 끝나면 하객들은 대례상 위의 밤·대추 등을 신랑 주머니에 넣어 주기도 한다.(두산백과에서 인용)

55) 합독(合櫝) : 부부의 신주를 한 독 안에 넣는 것 또는 그 독을 말한다. 이승에서 해로하다가 죽어서 같이 묻힌다는 말로 4자성어 백년해로와 그 뜻이 같다.

56) 전안지례(奠雁之禮) : 전통 혼례식의 예절을 말한다.

57) 후사(後嗣) : 가문의 대(代)를 잇는 자식을 말한다.

58) 부루(夫婁, 혹 弗理) : 필자가 생각하기에, 옛말 부루에서 '부'는 둘(2)과 다음을 뜻하고, '루'는 왕위를 이을 직계 왕손을 뜻하는 우리말로 본다. 따라서 불

리와 부루는 모두 다음 왕대를 잇는 태자를 뜻하는 말이다.

59) 오가(五加) : 배달 시대 호가(虎加)·우가(牛加)·마가(馬加)·응가(鷹加)·노가(鷺加)를 말한다. 호가는 범을 토템으로, 우가는 소를 토템으로, 마가는 말을 토템으로, 응가는 매를 토템으로, 노가는 백로를 토템으로 하는 부족으로 추정된다. 이 오가는 부여에서 저가(猪加)·구가(狗加)·양가(羊加)·우가(牛加)·마가(馬加)로 변하였다. 여기서 한자 '가(加)'는 우리말 '가'를 음사한 것으로 '가'는 부족을 뜻하고, '가리'는 겨레란 말의 어원으로 본다, 한편 오가는 윷놀이 도·개·걸·윷·모의 바탕이라는 주장이 있다.

60) 사직(社稷) : 농사을 지을 수 있는 토지의 신과 곡식의 신을 말한다.

61) 농자천하지대본(農者天下之大本) : 사람들에게 농사가 천하의 큰 근본이라는 뜻이다.

62) 오사(五事) : 농사(農事), 군사(軍事), 형사(刑事), 의사(醫事), 판사(判事)를 말한다.

63) 조천지(朝天池) : 북애자의 규원사화 단군기에 나오는 하늘에 제사 지내는 큰 연못이다. 현재 그 위치를 비정할 수 없다.

64) 환검신인(桓儉神人) : '환검 같은 신령스런 사람'이라는 뜻이다. 환검은 환웅(桓雄)과 말로 옛 우리말 '흔 굼'의 또 른 차자표기이다. 환웅이란 말이 그 아들 대에 이르러 환검으로 변한 것을 알 수 있다.

65) 국강(國岡) : '나라를 굽어보는 언덕'이라는 뜻이며, 이 유습에 따라 우리나라 임금 묘에는 반드시 강(岡)이 존재한다. 예컨대 동원이강릉의 경우 같은 묘역에

능이 2개 있지만 언덕 즉 강을 달리하는 2능이란 뜻이다.

66) 부명(符命) : 하늘이 내려준 명령을 말한다.

67) 소도(蘇塗) : '되살아날 소(蘇)'에서 '되살'을 취하고 '진흙 도(塗)'의 상고한어음은 '터(tu:)'이므로 그 음을 취하여 우리말 '되살터'로 새긴다. '되살'은 무서운 신을 의미하는데 상고시대 신교의 제사장과 그 종도들이 ㅎ㉿ 신에게 제사 지내고 수련하던 신성구역이다. 세속의 권력은 이곳에 미치지 못하였음으로 죽을죄를 지은 자가 이곳에 숨어들면 목숨을 건질 수 있었다. 그래서 소생(蘇生)이라는 말이 생겼다. 소도는 대부분 높고 깊은 산의 명당자리에 있었다.

68) 아사달(阿斯達) : 사(斯)는 옛 우리말에서 사이시옷의 음차 표기이므로 아사달은 '아의 달'이 된다. 여기서 한자 아(阿)는 아침의 옛 우리말 '아ᄉ'의 음차 표기이고 한자 달(達)은 땅의 옛 우리말 '따ᄅ'의 음차 표기이다. 그러므로 아사달은 '아ᄉ따ᄅ'의 이두 표기이다. 그러면 '아ᄉ따ᄅ'은 무슨 뜻인가? 두 말할 것도 없이 '아침의 땅'이란 뜻이다. 즉 아사달은 '아침 햇볕이 잘 드는 땅'이란 뜻이다. 필자가 생각하기에, 현재 중국 요령성 대능하 중류에 자리 잡고 있는 조양시(朝陽市)가 아사달일 것이다. 조양을 한역하면 '아침의 땅'이기 때문이다. 중국인들이 '아ᄉ따ᄅ'를 한역한 것이 조양(朝陽)이고, 따라서 이곳이 고조선의 첫 도읍지일 것이다.

69) 단괴리 : 우리선조들은 하늘을 단, 텐, 당이라 했고, 제사장을 '괴리'라고 했다. '괴리'는 본디 '괴이'인데, '괴'는 '괴다' 즉 '사랑하다' '생각하다'의 뜻이고, '이'는 사람이란 뜻이다. 그런데 'l'음이 겹치면 그중 하나는 'ㄹ'로 변하는 옛 우리말 특성에 따라 '이'가

'ㄹ'로 변하여 '괴리'기 된 것이다. 즉 「단+괴+이 = 단괴이」인데 이것이 '단괴리'로 변한 것이고 '단괴리'가 「단괴리>단고르>단골」로 변한 것이다. 한편 제사장은 만주어로는 당고르, 슈메르어로는 딩기르이다. 한자어 단군(檀君)과 지모(枳慕)는 단골의 차자표기이다. 필자가 생각하기에, BC.2333년 무진년 단군왕검은 소도 아사달의 제사장이었다가 배달을 개벽하여 고조선을 개국하고 첫 임금이 되었을 것이다.

70) 무진년(戊辰年) : 기원전 2333년이다.

71) 상달 : 우리민족은 10월을 상달이라 불렀다. 지금의 개천절은 여기서 비롯되었다. 그런데 고조선의 개국일은 역사서에서 단지 BC.2333년 상달로만 확인 되고(단 환단고기는 10월 3일로 날짜까지 기록함), 배달 신시의 개천일에 대해서는 그 기록이 없다. 또한 고조선의 개국을 개천이라 부른 역사서를 필자는 아직 보지 못하였다. 즉 개천(開天)은 오직 배달 신시에만 적용되는 고유명사이다. 그러므로 지금의 교과서와 같이 고조선의 개국을 배달 신시의 개천과 동일하게 보는 것은 역사적 오류이다. 이것은 근세 역사가들이 고조선의 개국을 개천으로 보고 고조선의 개국일 10월 3일을 끌어다가 신시 배달의 개천일로 삼은 억지 논리이다. 그래서 필자는 지금의 개천일을 개국일로 그 명칭을 변경하던지, 아니면 개천일의 명칭을 계속 쓰되 우리민족의 시원 배달의 시조 환웅과 고조선의 시조 단군 모두를 기리던지 둘 중 하나를 택할 것을 제시한다.

72) 거불단(居弗檀) : 배달의 18대 마지막 임금으로 이후 배달은 우리의 기억 속에서 사라졌다.

73) 용상 : 고조선은 진국(辰國)이라 불렸다. 아침 해를 바라보는 나라이기 때문이다. 아침은 시간적으로 오

전 7~9시이며, 이는 12간지 중 진(辰)에 해당한다. 진은 용(龍)이란 상상의 동물이다. 따라서 진국(辰國) 인 고조선의 임금은 용이 되고, 그가 앉는 자리는 용상이 되는 것이다. 즉 용상은 중국 황제의 것이 아니고 당초 고조선의 임금 자리를 뜻하는 말이었다.

74) 선양(禪讓) : 본디 '단군의 지위를 다른 사람에게 양보한다'는 뜻으로 임금의 자리를 서로 싸움 없이 물려주는 것을 뜻한다. 이후 선양은 우리민족의 고유한 국통 승계방식이 되었다.

75) 환구단(圜丘壇) : 임금이 하늘에 제사 드리기 위해 돌이나 흙으로 쌓은 단에 세운 건물로 9각이되 지붕은 원추형인 건물을 말한다. 조선호텔 경내에 대한제국의 고종이 황제에 즉위하면서 하늘에 제사 지낸 환구단이 있었으나 일제가 이를 허물었고, 지금은 그 부속건물인 3층8각 황궁우와 석고만 남아 있다. 앞서 백제에는 한산이 있고 그 한산에 환구단과 황궁우가 있었음은 이미 논했다. 앞으로 한민족에게 천손(天孫)이라는 자존심이 남아있다면 이 환구단은 복원되어야 할 것이다.

76) 조선(朝鮮) : '아침 조(朝)'에 '고울 선(鮮)'인데 아침은 옛 우리말로 '아ᄉ'이므로 조선은 옛 우리말로 '아ᄉ선'이 된다. 그리고 선(鮮)은 스키타이어로 sun인데 해를 뜻하는 말이고, 이 단어가 그리스로 전해져 오늘날 영어 sun의 어원이 되었다. 한자 선(鮮)에서 좌변부수 '고기 어(魚)'는 본디 해를 뜻하는 글자이고, 우변부수 양(羊)은 동물 양이라는 뜻 외에 '바라보다'는 뜻도 있었다. 그러므로 조선의 뜻은 '아침 해를 바라보다'이다. 예컨대 태평양(太平洋)에서 '바다 양(洋)'은 본디 '큰물을 바라보다'라는 뜻이었는데, 이것이 '바다'로 그 뜻이 변한 것이다.

77) 개벽(開闢) : 천지가 새롭게 변하는 것, 또는 낡은 시대가 새로운 시대로 변하는 것을 의미한다.

78) 조정(朝庭) : 본디 고조선에서 단군과 신하들이 정사를 논하던 궁궐의 뜰이다. 이것이 중국과 이웃나라에 전해져 왕이 신하들과 정사를 보는 곳으로 변하여 일반명사가 되었다.

79) 조칙(詔勅) : 임금이 아래 사람에게 내리는 명령을 적은 문장을 말한다.

80) 팽우(彭虞) : 배달의 제14대 천왕 치우천왕(蚩尤天王)의 후손으로 '밝이 땅'에서 서남쪽으로 내려가 중국 동쪽 산동반도 일대 동이족의 조상이 되었다. 이 내용은 환단고기「단군세기」를 참고하였다.

81) 한자(韓字) : 한자는 본디 고조선에서 우리 한민족이 만든 글자이다. 그러므로 필자는 한자를 한나라 漢字가 아닌 한민족 韓字로 사용한다.

82) 기성(奇省) : 단군왕검의 신하로 의약과 의술의 달인이다. 이 내용은 환단고기「단군세기」를 참고하였다.

83) 나을(那乙) : 단군왕검의 신하로 호적 법전 등을 관장하였다. 나을은 환단고기「단군세기」를 참고하였다.

84) 우작(尤作) : 단군왕검의 신하로 병마를 관장하였다. 우작은 환단고기「단군세기」를 참고하였다.

85) 홍범(洪範) : 천하를 다스리는 큰 원리나 법을 말한다. 본디 홍범은 고조선의 두 번째 임금인 부루 단군이 중국 도산에서 하나라 우임금에게 전한 '도산의 신서'였다. 그러나 본디 홍범은 유실되었고, 중국의 고전 서경(書經)「홍범」에 나오는 홍범구주는 나중에 은나라 왕족 기자가 새로 지은 것이라 전한다. 이 글의 홍범구주는 서경에 나오는 것을 옮긴 것이다.

86) 오행(五行) : 우리민족이 믿던 옛 사상이다. '다닐 행(行)'자를 보면 사람이 둘 있는 형상이다. 그러므로 한자 '行'은 사람이나 물질이 둘 이상 모여서 서로 관계 맺는 것으로서 영어로 'play'를 뜻한다. 사람이나 물질이 둘 이상 모여 'play' 하다보면 관계가 발생한다. 관계는 서로 부합할 수도 있고 서로 배타적일 수도 있다. 부합하는 관계를 상생(相生)이라 하고, 배타적인 관계를 상극(相剋)이라 한다. 오행은 우주만물 중 서로 부합하거나 상극하는 요소를 나무·불·물·쇠·흙(木火水金土) 다섯 가지로 보고, 이 5가지 요소의 활동으로 우주만물이 생성하고 소멸한다고 보았다. 예컨대 상생은 ①목생화(木生火) ②화생토(火生土) ③토생금(土生金) ④금생수(金生水) ⑤수생목(水生木) 다섯 가지이다. 상극은 ①목극토(木極土), ②토극수(土剋水), ③수극화(水剋火) ④화극금(火剋金) ⑤금극목(金剋木) 다섯 가지이다. 오행이 우리 민속에 적용된 예는 오장(五臟)·오미(五味)·오곡(五穀)·오방(五方)·오성(五聲)·오색(五色)·오상(五常) 등 수없이 많다. 우리민족에게 오행은 사주궁합부터 택일, 작명, 점치기, 풍수 등 심지어 한글까지 속속들이 그 영향을 미치지 않은 곳이 없다.

87) 오관(五官) : 눈·코·귀·입·피부(오관)의 작용 결과인 봄·들음·말함·느낌·생각함 다섯 가지를 뜻한다.

88) 팔정(八政) : 먹거리·제물·제사·사공·사도·사구·외교·군사를 말한다.

89) 오기(五紀) : 시간·하루·월(달)·계절·년(해) 등의 흐름(間)을 말한다.

90) 황극(皇極) : 임금의 언행기준을 말한다.

91) 삼덕(三德) : 정직·굳셈·부드러움을 말한다.

92) 계의(誡疑) : 점을 쳐서 나라의 길흉을 판단하는 복사(점)를 말한다. 하가점하층문화 유적에서 복골(卜骨, 짐승의 뼈를 불로 지져서 점을 치는 것)이 발견되었다.

93) 서징(庶徵) : 비바람·별자리·더위·추위·때 등 자연현상과 민심으로 사단(事端, 사건 단서)을 살피는 것을 말한다.

94) 오복(五福) : 수(壽)·부(富)·귀(貴)·강녕(康寧)·자손중다(子孫衆多) 다섯가지이다.

95) 육극(六極) : 변사(變死)·요사(夭死)·질(疾)·우(憂)·빈(貧)·악(惡)·약(弱)을 말한다.

발(跋) - 상고사를 엮으면서

 선인들은 역사를 '혼을 담는 그릇'이라고 여겼다. 그래서 학생들의 교육에 역사를 기본과목으로 편입하여 가르치기를 마다하지 않았다. 근자에 신화로 여겨지던 삼국유사의 고조선 단군왕검 기록이 역사로 정립되고, 일제강점기에 잘못 기록되었던 상고사의 오류가 많이 수정되고 있다. 우리들은 한민족의 역사를 대략 반만년이라고 자랑하지만 실상 고조선(BC.2333~현대) 까지만 논의되고, 그 윗대는 거의 논의되고 있지 않는 실정이다.
 이 글은 한민족의 시원, 배달에 대하여 얘기하

고자 한다. 왜냐하면 한민족의 시원, 배달을 논하여야 비로소 한민족 얼의 단서를 찾을 수 있기 때문이다. 아울러 서사란 역사를 사실대로 쓰는 것이다. 그러나 오래된 역사는 사료의 불충분으로 사실을 쓸 수가 없다. 그래서 이 글은 나의 얄팍한 지식을 저 밑바닥 앙금까지 끄집어내고 태어나면서 받은 깜냥 전부를 짜내어 썼지만, 여기에는 고증되지 않은 편견과 추정을 곁들였음을 미리 알린다.

그럼에도 불구하고 이 서사를 씀에 있어서 일연스님의 삼국유사 권1 기이 제1 「고조선」을 큰 줄기로 하고 이승휴의 제왕운기, 북애자의 규원사화, 계연수의 환단고기 등을 참고하였음을 밝힌다.

아울러 필자를 속칭 국뽕에 취한 자라고 폄하해도 괘의치 않을 것이다. 이렇게 미진한 짓을 시도해서라도 상고사를 복원하지 않는다면 후세의 머릿골에 어떻게 혼을 불어 넣는단 말인가.

2024. 12. 12.

신시개천 5921년 구부솔 안연석 쓰다.